Ambrosia Hawthorn

Die MAGIE in DIR

Ambrosia Hawthorn

Die MAGIE in DIR

—Witchcraft—

Sprüche und Rituale, die dein Leben verändern

mvgverlag

Bibliografische Information der Deutschen Nationalbibliothek
Die Deutsche Nationalbibliothek verzeichnet diese Publikation in der Deutschen Nationalbibliografie.
Detaillierte bibliografische Daten sind im Internet über http://d-nb.de abrufbar.

Für Fragen und Anregungen
info@mvg-verlag.de

2. Auflage 2022

Türkenstraße 89
D-80799 München
Tel.: 089 651285-0
Fax: 089 652096

Die amerikanische Originalausgabe erschien 2020 bei Althea Press, einem Imprint von Callisto Media, Inc., unter dem Titel *The Spell Book for New Witches.*

Übersetzung: Marion Zerbst
Redaktion: Simone Fischer
Umschlaggestaltung: Sonja Vallant
Umschlagabbildung: shutterstock/Lepusinensis, Peratek
Illustration: © 2019 Travis Stewart
Satz: Müjde Puzziferri, MP Medien, München
Druck: Florjancic Tisk d.o.o., Slowenien
Printed in the EU

ISBN Print 978-3-7474-0363-1
ISBN E-Book (PDF) 978-3-96121-749-6
ISBN E-Book (EPUB, Mobi) 978-3-96121-750-2

DIESES BUCH WIDME ICH MEINEN HEXENKOLLEGINNEN UND -KOLLEGEN, DIE SICH MIT MAGIE BESCHÄFTIGEN, UM ETWAS AN IHREM LEBEN ZU VERÄNDERN.

Inhalt

KAPITEL 4 Finanzielle Angelegenheiten und Wohlstand 90

KAPITEL 5 Arbeit und Karriere 116

KAPITEL 6 Freunde und Familie 140

KAPITEL 7 Gesundheit und Heilung 166

KAPITEL 8 Schutz und Vergebung 190

KAPITEL 9 Wohlbefinden, Erfolg und Reichtum 214

Einführung

Herzlich willkommen, liebe Leserinnen und Leser dieses Buches! Ich heiße Ambrosia, bin allein praktizierende Hexe und Herausgeberin des *Witchology Magazine,* einer allmonatlich erscheinenden Zeitschrift für moderne Hexen. Ich praktiziere das Hexenhandwerk bereits seit 15 Jahren und möchte meine Geschichte und mein Wissen über Hexenkunst nun mit Ihnen teilen, damit Sie sich die innere Kraft und Magie erschließen können, die in Ihnen schlummern.

Ja, Sie haben richtig gelesen – wir alle besitzen magische Fähigkeiten. Aber Sie werden nun nicht nach Hogwarts gehen und zaubern lernen oder lernen, auf einem Besen zu reiten. Stattdessen werde ich Ihnen in diesem Buch praktische Fähigkeiten beibringen, außerdem werde ich Sie mit der Natur in Kontakt bringen und Ihnen helfen, die innere Hexe zu entdecken, die in Ihnen steckt. Ich werde mit ein paar falschen Vorstellungen über Zauber und Hexerei aufräumen und Ihnen zeigen, wie Sie alles erschaffen und manifestieren können, was Sie sich wünschen und was Sie brauchen, um ein besseres Leben zu führen.

Ich begann meine Reise in die Welt der Hexerei bereits mit 13 Jahren. Das ist sehr früh, ich weiß – aber das Universum geht manchmal seltsame Wege. Vielleicht ist meine Geschichte der Ihren ähnlich, vielleicht ist sie aber auch ganz anders. Es gibt viele Wege zur Hexerei. Meiner hat sich genau zum richtigen Zeitpunkt in meinem Leben vor mir aufgetan – und bei Ihnen wird es genauso sein.

Ich fühlte mich aus verschiedenen Gründen zur Magie hingezogen: Zunächst einmal wollte ich mehr Selbstvertrauen in der Schule entwickeln, Geld für meine Familie verdienen und mich vor Schulhoftyrannen und Schlägertypen schützen. Außerdem wollte ich Liebestränke brauen, um Jungs anzulocken, für die ich schwärmte, und ich wünschte mir ganz allgemein mehr Glück im Leben. Schon im Alter von sieben Jahren, noch bevor ich irgendetwas über Zauber oder Hexerei wusste, suchte ich in jeder Schulpause nach vierblättrigen Kleeblättern; denn mir war bekannt, dass diese Blätter Glück bringen, und ich spürte tief in meinem Inneren, dass ich unbedingt eines brauchte. Nach wochenlanger Suche fand ich es endlich. Meine Mutter half mir, das Kleeblatt zu rahmen und einen Schlüsselanhänger daraus zu basteln. Von diesem Zeitpunkt an trug ich es überall mit mir herum und bat es, mir Glück zu bringen, wenn ich welches brauchte. Rückblickend wird mir jetzt klar, dass dieser Schlüsselanhänger mein erster Zauber war. Mit dieser Geschichte möchte ich Ihnen zeigen, was das Besondere am Zaubern ist: Man kann aus fast allem einen Zauber erstellen, und er kann so einfach oder so kompliziert sein, wie Sie möchten.

Wenn Sie wie ich sind, fühlen Sie sich zur Magie hingezogen, weil sie Ihnen neue Möglichkeiten und Chancen für Veränderungen bietet, die Sie aus eigener Kraft bewirken können. Für die Zauber, die ich in diesem Buch beschreibe, brauchen Sie weder ein Molchauge noch ein Adlerei. Sie müssen einfach nur innerlich präsent sein und das Hexenhandwerk erlernen wollen. Egal, an welchem Punkt Ihrer Reise Sie sich gerade befinden – dieses Buch ist Ihnen genau zum richtigen Zeitpunkt in die Hände gefallen. Lassen Sie uns in die wunderbare Welt der Hexerei und Magie einsteigen!

TEIL I

PRAXIS DER MAGIE

Zur Magie gehört mehr als nur das Mischen von Zaubertränken, das Anzünden von Kerzen und das Nähen von Puppen. Magie ist eng in die Welt eingebettet, die uns umgibt. Man kann nur dann erfolgreich Zauber wirken, wenn man sich zuerst einmal ein solides, in der Historie verwurzeltes Fundament dafür aufbaut. In diesem Teil des Buches geht es um wichtige praktische Grundlagen der Magie: nämlich um die Frage, wie Zauber funktionieren und was für Vorbereitungen man dafür treffen muss.

Um den Weg der Magie zu beschreiten, brauchen Sie nichts weiter als sich selbst. Ihre Kraft liegt in Ihrem eigenen Inneren und wartet nur darauf, entdeckt zu werden. Magie verleiht Ihnen die Fähigkeit, sich und die Welt zu heilen und zu verändern.

Ich hoffe, dass ich Ihnen mit dem Basiswissen auf den folgenden Seiten helfen kann, eine möglichst gute Hexe zu werden. Dazu müssen Sie zunächst einmal erfahren, was es überhaupt bedeutet, eine praktizierende Hexe zu sein.

KAPITEL 1

DIE ZAUBERKUNST VERSTEHEN

Bevor Sie mit dem Wirken von Zaubern beginnen können, sollten Sie über das Wer, Was und Warum des Zauberns Bescheid wissen. In diesem Kapitel erkläre ich Ihnen daher die Terminologie und die Unterschiede zwischen Hexerei und Wicca. Außerdem werde ich auf ein paar häufige Fehlvorstellungen, wichtige Konzepte und ethische Prinzipien eingehen. Sobald Sie diese Grundkenntnisse besitzen, können Sie beginnen, die Veränderungen zu bewirken, die Sie sich für Ihr Leben wünschen.

Was sind Zauber?

Zauber sind die praktische Seite der Magie. Sie entstehen durch Manipulation von Energie, und man möchte damit eine bestimmte Absicht oder einen bestimmten Zweck erfüllen. Die treibende Kraft hinter Zaubern sind Emotionen, die nur in Verbindung mit Ihrer persönlichen Kraft oder mit der Energie funktionieren, die in der Welt um Sie herum existiert. Um zu verstehen, was einen Zauber wirksam macht, müssen wir uns zunächst einmal ein bisschen mit Magie, Kraft und der Manipulation von Energie beschäftigen.

Magie ist die Energie, die durch alle Elemente der Natur hindurchfließt. Dabei handelt es sich um eine neutrale Energie, die weder gut noch böse ist. Kraft ist die praktische Kunst, Magie für Ihre Zwecke zu kanalisieren. Wenn Sie beginnen, magische Energie zu verändern und zu kanalisieren, bauen Sie gewissermaßen Ihre persönliche Hexenkraft auf. Durch diese Manipulation können Sie die Energie um sich herum beeinflussen oder steuern.

Wir alle bestehen aus Molekülen, und die Bindungen zwischen diesen Molekülen enthalten potenzielle Energie. Die Vorstellung, dass wir diese Energie nutzen und kanalisieren können, ist gar nicht so ungewöhnlich. Es ist sogar ziemlich leicht zu erkennen, wenn jemand seine Energie auf Sie richtet. Haben Sie schon einmal »gespürt«, wie die Hand eines anderen Menschen einige Zentimeter hinter Ihrem Rücken schwebte (obwohl dieser Mensch Sie gar nicht berührte)? Haben Sie dabei ein Kribbeln oder vielleicht sogar ein Wärmegefühl wahrgenommen? Dann haben Sie die Energie, die auf Sie gerichtet war, gespürt.

Zaubern ist nur eine von vielen Möglichkeiten, Energie zu manipulieren. Kristalle, Steine, Kräuter, Muscheln, Metall und Holz werden schon seit Langem als Werkzeuge zur Manipulation von Energie verwendet. Auch beliebte Geist-Körper-Therapien wie Tai-Chi, Reiki, Meditation, Yoga, Akupunktur, ja sogar Massage nutzen, verstärken und manipulieren Energie, um den physischen, geistigen und emotionalen Körper eines Menschen zu heilen. Die Zauberkunst ist also gar nicht so abwegig, wie manche Leute vielleicht denken!

Es ist wichtig, sich darüber im Klaren zu sein, dass Zauber keine »Du kommst aus dem Gefängnis frei«-Karten sind. Sie können damit nicht auf Anhieb alle Probleme lösen, die Ihnen gerade zu schaffen machen. Zauber erfordern Energie, Zeit, Mühe, Konzentration und Glauben, sonst funktionieren sie nicht. Es ist ein weitverbreiteter Irrglaube, dass eine Hexe jemanden durch einen Zauber dazu bringen kann, sich in sie zu verlieben, oder dass es möglich ist, andere Menschen durch Magie zu etwas zu zwingen. Man kann einer anderen Person durch magische Praktiken nicht ihren freien Willen nehmen.

Sie sollten auch wissen, dass Magie eine mächtige Kraft ist – und jede Macht bringt Verantwortung mit sich. Als Hexe tragen Sie die Verantwortung dafür, keinen Schaden anzurichten und die Naturgesetze zu respektieren. Wenn Sie Energie verstärken und Zauber wirken, manipulieren Sie die Energie dadurch nicht dauerhaft, sondern nur vorübergehend.

Wie wirkt Zauber?

Jeder, der positive Veränderungen in seinem Leben herbeiführen möchte, kann einen Zauber wirken; und jeder, der sich genug für das Thema interessiert, um dieses Buch in die Hand zu nehmen, ist bereits auf dem richtigen Weg dazu. Die Zauberei kann Menschen helfen, die auf der Suche nach Klarheit oder einem Ziel auf ihrer Lebensreise sind. Zauber werden oft von Neuheiden gewirkt – also von Menschen, die einem religiösen oder spirituellen Weg folgen, der auf Respekt vor der Natur beruht. Viele Hexen und Magier gehören einer Richtung des Neuheidentums oder einer Hexentradition an, die moderne magische Praktiken oder eine Kombination aus verschiedenen Praktiken umfasst, beispielsweise Elementarmagie, säkulare Magie, Heckenhexerei, eklektische oder traditionelle Hexerei. Sie können jede dieser Kategorien auf Ihre individuellen Neigungen und Bedürfnisse zuschneiden, um den für Sie richtigen Weg zu finden.

ELEMENTARHEXE

Diese Hexen bedienen sich bei ihrer Arbeit der vier Elemente (Erde, Luft, Feuer und Wasser). Manche Elementarhexen nutzen dazu alle, andere nur eines der vier Elemente. Zu den Hexen, in deren Praxis die Elemente eine wichtige Rolle spielen, gehören grüne Hexen, Meer- und Küchenhexen. Grüne Hexen stützen sich bei ihrer Arbeit hauptsächlich auf das Element Erde und verwenden dafür Kräuter, Kristalle und Holz. Meerhexen nutzen das Element Wasser – den Ozean, Wettermagie, Muscheln, Treibholz, Seegras und Sand. Küchenhexen, manchmal auch Herd- oder Hüttenhexen genannt, verwenden das Element Feuer zum Kochen, Backen, Brauen von Tränken und für die Herstellung magischer Objekte.

SÄKULARE HEXE (ODER NICHT-RELIGIÖSE HEXE)

Säkulare Hexen rufen bei ihrer Arbeit keine Gottheiten an. Sie arbeiten gern mit Symbolen, Metaphern oder Archetypen. Der säkulare Hexenweg erfreut sich immer größerer Beliebtheit, und viele säkulare Hexen kombinieren ihn mit anderen Formen der Hexerei.

HECKENHEXE

Diese Art der Hexerei ist schon ein bisschen schwieriger zu definieren. Sie überschreitet die Grenze zum Unbekannten oder zu anderen Welten. Heckenhexen bedienen sich oft der Kräuterkunde, um Tränke, Balsame und Gebräue zu mischen. Die Heckenhexe praktiziert häufig Schamanismus und Seidr-Magie; ihre Arbeit umfasst Astralreisen, luzides Träumen, Trancearbeit und Kommunikation mit Geistern.

EKLEKTISCHE HEXE

Eklektische Hexen passen in keine bestimmte Kategorie. Dabei handelt es sich oft um selbstinitiierte Hexen, die keiner festen Tradition oder Gruppe angehören. Die eklektische Hexe praktiziert eine Mischung aus verschiedenen Traditionen, die sie ihren eigenen Bedürfnissen und Fähigkeiten entsprechend abgewandelt hat.

TRADITIONELLE HEXE

Traditionelle Hexen bilden eine größere Gruppe mit vielen Untergruppen, manchmal mit Verbindungen zu Wicca. Ihre Wurzeln reichen oftmals viele Jahrhunderte zurück. In dieser Kategorie findet man häufig Zeremonien, Folklore, Hoodoo, keltische und andere heidnische Traditionen, aber auch Hexen, die ihre Fähigkeiten von einer langen Linie von Vorfahren ererbt haben. In manche dieser Traditionen muss man eingeweiht werden, in anderen muss man bestimmte Regeln befolgen.

Was hat das Zaubern mit Hexerei und Wicca zu tun?

Inzwischen ist Ihnen wahrscheinlich schon aufgefallen, dass ich immer wieder Begriffe wie Heidentum, Wicca und Hexerei verwende, und vielleicht fragen Sie sich, was diese bedeuten. Wicca-Anhänger und Hexen gehören beide zur Kategorie des Heidentums; doch nicht alle Hexen sind Wicca-Anhänger, und auch nicht alle Wicca-Anhänger sind Hexen. Heiden folgen einem religiösen oder nicht-religiösen spirituellen Weg, der auf Respekt vor der Natur beruht. Wicca ist eine erdzentrierte Religion, in der Gottheiten verehrt werden; bei der Hexerei dagegen handelt es sich um eine Praxis, die die verschiedensten Wege – religiöse und nicht-religiöse – umfassen kann. Sie können sich für einen der bereits existierenden Wege entscheiden oder Ihren eigenen Hexenweg finden.

Trotz all dieser Unterscheidungen ist es mir nicht so wichtig, meine Praxis in eine bestimmte »Schublade« einzuordnen. Man muss seinen Weg nicht genau definieren – und gerade wegen dieser Flexibilität fühlen sich so viele Menschen zu heidnischen Praktiken hingezogen. Es gibt keinen richtigen oder falschen Weg. Ich empfehle Ihnen, von jedem etwas auszuprobieren und sich so mit der Zeit eine Praxis aufzubauen, die zu Ihnen passt.

Die Geschichte des Zauberns

Das Wirken von Zaubern erfreut sich schon seit jeher großer Beliebtheit. Das englische Wort für Zauber (»spell«) stammt vom angelsächsischen Wort *spel* ab, das so viel wie »Spruch« oder »Geschichte« bedeutet. In alten Kulturen entstanden Zaubersprüche parallel zur Sprache. Im alten Ägypten zum Beispiel enthielten schriftlich festgehaltene Geschichten oftmals Zaubersprüche.

Das englische Wort für Hexe (»witch«) geht auf das altgermanische Wort *wik* zurück, das »biegen« bedeutet. Vor dem 14. Jahrhundert erlebten Hexerei und Magie ihr goldenes Zeitalter. Das änderte sich im Jahr 1486, als ein mittlerweile in Misskredit geratener katholischer Geistlicher den *Malleus Maleficarum* (*Hexenhammer*) veröffentlichte, in der Umgangssprache auch als »Handbuch der Hexenjäger« bekannt. Die Popularität dieses Buches führte dazu, dass sich die allgemeine Stimmung immer mehr gegen die Hexerei zu wenden begann. Im Jahr 1542 wurden Hexen und Magier in England durch den Witchcraft Act mit der Todesstrafe belegt. Im Jahr 1692 fanden in Massachusetts die Hexenprozesse von Salem statt, bei denen 19 Menschen wegen angeblicher Hexerei hingerichtet wurden.

Die Verfolgung von Hexen dauerte jahrhundertelang an. Erst in den 1900er-Jahren begann die Anti-Hexerei-Bewegung an Dynamik zu verlieren. In den 1960er- und 1970er-Jahren erlebte die amerikanische Gesellschaft eine Zunahme heidnischer Praktiken, und es entstanden mehr und mehr Gruppen, in denen Menschen Wicca und Hexerei praktizierten. Im Jahr 1986 verhandelte das US-amerikanische Bundesberufungsgericht für den vierten Gerichtsbezirk den Fall Dettmer gegen Landon und erkannte Wicca als offizielle Religion an.

Trotz der zunehmenden Akzeptanz der Hexerei haben viele Hexen immer noch Angst vor ungerechter Verfolgung. Daher üben manche ihr Handwerk lieber im Geheimen aus – oder »in der Besenkammer«.

Die wichtigsten Prinzipien

Bei den Grundprinzipien der Hexerei geht es darum, wie wir mithilfe von Energie Veränderungen in unserer Umgebung bewirken können. Magie existiert in Form von Energie überall um uns herum. Durch das Praktizieren von Zaubern können wir lernen, unsere Absichten in eine bestimmte Richtung zu lenken, um Energie zu manipulieren. Allerdings müssen unsere Absichten dazu ein paar Grundprinzipien entsprechen, die ich im Folgenden beschreibe.

VEREHRUNG DER UMWELT UND DER NATUR

Alles, was in der Natur existiert, ist heilig und mit Energie gefüllt, und die Jahreszeiten und Elemente spielen in vielen heidnischen Ritualen und Zaubern eine wichtige Rolle. Die Jahreszeiten sollen gefeiert und verehrt werden. Sie erzählen die Geschichte von Geburt, Leben, Tod und Wiedergeburt. Die Elemente können um Schutz, Führung und Energie angerufen werden.

FRUCHTBARKEIT UND SEXUALITÄT FEIERN

Das Feiern von Leben, Licht, Freude, Leidenschaft und Sinnlichkeit entfacht die Lebenskraft in uns allen. Ihre Fruchtbarkeit und Sexualität zu akzeptieren und zu leben, kann ein wertvolles Werkzeug für die Manifestation von Magie sein. Viele Hexen feiern Fruchtbarkeit und Sexualität an den heidnischen Frühlingsfesten Imbolc, Ostara und Beltane (mehr dazu in Kapitel 2 auf Seite 36).

MIT IHRER INTUITION UND PERSÖNLICHEN ENERGIE ARBEITEN

Sie können Ihr Umfeld mithilfe Ihrer persönlichen Energie beeinflussen. Achten Sie zu diesem Zweck zunächst einmal auf Ihr Bauchgefühl und Ihre Ahnungen. Haben Sie schon einmal gespürt, wie Ihnen eine Stimme tief in Ihrem Inneren etwas mitzuteilen versuchte – meistens handelte es sich dabei um eine Warnung? Das ist Ihre Intuition. Sobald Sie gelernt haben, diese Energie zu kanalisieren, können Sie sie bei Ihren Zaubern als treibende Kraft nutzen.

KARMA UND DAS NATÜRLICHE GLEICHGEWICHT DES KOSMISCHEN GESETZES RESPEKTIEREN

Karma bedeutet, dass Ihnen jede Handlung, die Sie in die Welt setzen, in gleicher Münze zurückgezahlt wird. Das Gesetz der dreifachen Wiederkehr ist ein uraltes heidnisches Prinzip, mit dem man neue Hexen vor den Folgen schädlicher Magie warnt: Wenn Sie jemandem Schaden zufügen oder ihn durch Magie manipulieren, kehren die Folgen dieses Handelns dreifach zu Ihnen zurück. Viele Neuheiden leben nach diesem karmischen Gesetz, das auch unter dem Namen »kosmisches Gesetz« bekannt ist.

ÜBER DAS LEBEN NACH DEM TOD, GEISTWESEN UND REINKARNATION BESCHEID WISSEN

Viele Hexen glauben an ein Leben nach dem Tod und betrachten den Kreislauf von Geburt, Leben, Tod und Wiedergeburt als ein sich endlos drehendes Rad. Daher feiern viel Hexen Enden und Anfänge am Hexensabbat Samhain, wenn der Schleier zwischen den Welten dünner wird. Auf Samhain werde ich in Kapitel 2 auf Seite 35 noch näher eingehen.

Die treibenden Kräfte hinter einem Zauber

Sie sollten sich bei jedem Zauber, den Sie wirken, von Respekt vor der Natur und dem Mysterium des Universums leiten lassen. Je stärker Sie sich mit den natürlichen Rhythmen der Erde in Einklang bringen, umso besser können Sie sich auf die Mysterien der Welt einstimmen und umso mehr werden Sie über die Welt des Unbekannten erfahren.

MAGIE VERSUS KRAFT

Magie ist die natürliche Energie, die durch unsere Welt hindurchfließt. Kraft dagegen ist die praktische Fähigkeit, diese Energie zu kanalisieren. Kraft schlummert in Ihrem eigenen Inneren und wartet darauf, erschlossen zu werden; Magie dagegen wohnt Gegenständen aus der Natur inne.

Als Anfängerin auf dem Gebiet der Hexerei werden Sie hauptsächlich auf Ihre persönliche Kraft zurückgreifen. Nur seine eigene Kraft zu nutzen, kann allerdings sehr anstrengend sein. Für die in diesem Buch beschriebenen Zauber werden Sie daher auch Gegenstände aus der Natur wie beispielsweise Kristalle, Kräuter, Öle, Düfte, Holz und Objekte aus der Tierwelt verwenden, um daraus zusätzliche Energie zu gewinnen.

Eine andere Art von Kraft, die aus Ihrem eigenen Inneren kommt, sind übersinnliche Fähigkeiten. Manche Hexen besitzen Fähigkeiten wie Präkognition, Intuition, Hellsichtigkeit, Psychometrie, Medialität oder Empathie.

PRÄKOGNITION ist die Fähigkeit, Dinge oder Ereignisse im Voraus zu wissen, bevor sie geschehen.

INTUITION ist die Fähigkeit, Dinge zu wissen, ohne dass sie einem gesagt werden.

HELLSICHTIGKEIT (auch als »Hellsehen« oder »inneres Sehen« bezeichnet) ist die Fähigkeit, Verborgenes zu erkennen.

PSYCHOMETRIE ist die Fähigkeit, die Energie eines Gegenstands zu lesen oder nähere Informationen über die Person zu erspüren, der dieses Objekt einst gehört hat.

MEDIEN empfangen Botschaften aus der Geisterwelt und können auch Geistwesen channeln.

EMPATHEN können die Gefühle und Emotionen anderer Menschen wahrnehmen und oftmals auch Energien von anderen Personen absorbieren.

»GUTE« VERSUS »BÖSE« MAGIE

Laien auf dem Gebiet der Hexerei bezeichnen Magie häufig als »gut« oder »böse«. Hexen unterscheiden jedoch nicht zwischen »guter« oder »böser« Magie. Magie ist weder schwarz noch weiß – ihre Auswirkungen hängen von der Energie der Absichten der Hexe ab.

Der Einsatz von Magie mit dem Ziel, jemandem zu schaden, Rache zu üben, den freien Willen eines anderen Menschen zu beeinflussen oder jemanden zu verfluchen, sind Beispiele dafür, was manche Menschen als »schwarze Magie« oder unethische Praktiken bezeichnen würden. Magie in der Absicht, andere Menschen zu heilen, zu stärken oder innerlich aufzubauen, wird dagegen oft als »weiße Magie« bezeichnet. Viele Hexen hängen den Zusatz »weiße Hexe« an ihren Titel an, um sich vor dem weitverbreiteten Missverständnis zu schützen, dass alle Hexen böse oder schlecht sind.

Wenn Sie mit einem Fluch, bösartigen Gerüchten, einem bösen Geist oder einem Stalker zu kämpfen haben, sind Sie vielleicht versucht, Magie in böswilliger Absicht zu praktizieren. Doch dadurch könnten Sie die auf Seite 24 beschriebenen Konsequenzen des karmischen oder kosmischen

Gesetzes auf sich ziehen. In der Magie sollte man sich an die gleichen ethischen Prinzipien halten wie in allen anderen Lebensbereichen auch; denn letzten Endes werden Sie persönlich für Ihre Handlungen verantwortlich gemacht.

KAPITEL 2

VORBEREITUNG AUF DAS WIRKEN EINES ZAUBERS

Bevor Sie anfangen, Zauber zu wirken, müssen Sie zunächst einmal lernen, wie man eine erfolgreiche Hexe oder ein Magier wird – das heißt, Sie müssen sich die Grundlagen der Magie aneignen. Nur so können Sie wirksame magische Praktiken erlernen und aufrechterhalten. Zu diesem Grundwissen gehört, wie man einen Zauber wirkt, an welchen Orten man Magie ausüben sollte, welche Werkzeuge man dafür braucht und wie man sich seine Kraft erschließt. Außerdem werden Sie in diesem Kapitel auch häufige Symbole und wichtige Daten, Jahreszeiten und Kreisläufe kennenlernen.

Wie wirkt man einen Zauber?

Wenn Sie einen Zauber wirken, erzeugen Sie dadurch entweder neue Energie oder manipulieren bereits vorhandene Energie. Die wichtigsten Elemente eines Zaubers sind die Vorbereitung und das eigentliche Wirken. Die Vorbereitung umfasst die Wahl des richtigen Ortes für den Zauber, die Beseitigung unerwünschter Energien, das Ziehen eines Schutzkreises, die Stärkung der Energie und die Festlegung Ihrer Absichten. Das Wirken umfasst die Ausführung des Zaubers, das Lösen des Schutzkreises und die Beobachtung der Ergebnisse. Die einzelnen Schritte, aus denen die Vorbereitung und das Wirken eines Zaubers bestehen, sind von Hexentradition zu Hexentradition unterschiedlich.

Zur Vorbereitung eines Zaubers müssen Sie zunächst einmal einen Ort dafür festlegen und diesen Bereich von unerwünschten alten oder negativen Energien befreien. Viele Hexen bauen sich dazu einen dauerhaften Altar oder richten sich einen heiligen Ort speziell für ihre Zauberarbeit ein.

Als Nächstes müssen Sie einen Schutzkreis ziehen, um sich vor unerwünschter Aufmerksamkeit oder äußeren Einflüssen zu schützen. Dafür gibt es verschiedene Methoden. In der traditionellen Hexerei kann zu diesem Zweck ein Gott oder eine Göttin angerufen werden; eine säkulare Hexe ruft eher einen Gegenstand an, der für sie eine besondere Bedeutung hat und von der Energie der Natur erfüllt ist (auf solche Gegenstände werde ich ab Seite 41 noch näher eingehen), oder sie erschafft eine Schutzmauer aus ihrer eigenen Energie.

Sobald Sie sich in Ihrem Schutzkreis befinden, können Sie Ihren Zauber aus einer oder mehreren Energiequellen speisen. Diese Energie kann von einem Gott oder einer Göttin, von einem natürlichen Objekt, beispielsweise einem Kristall oder Talisman, oder aus Ihnen selbst kommen.

Nachdem Sie Ihren Zauber gewirkt haben, müssen Sie die Energie wieder aus diesem Zauber zurückziehen, um den Schutzkreis zu lösen. Die Art, wie Sie Ihren Kreis lösen, sollte der Methode entsprechen, mit der Sie den Zauber gewirkt haben.

Wo wirkt man Zauber?

Hexen wirken ihre Zauber an allen möglichen Orten. Sie können einen einzelnen Raum als heiligen Ort nutzen, Ihre Magie aber – je nach Art des Zaubers – auch jeweils an unterschiedlichen Orten praktizieren. Vielleicht steht Ihnen für Ihre magische Arbeit tatsächlich nur Ihre Besenkammer zur Verfügung, und dagegen ist auch gar nichts einzuwenden.

Viele Zauber kann man in Innenräumen praktizieren. Die meisten Zauber für Tränke, Tees und Backwerk können Sie in Ihrer Küche durchführen; Badezauber werden wahrscheinlich in Ihrem Badezimmer stattfinden. Und für Zauber, die mit dem Mond, mit Astrologie, den Jahreszeiten, der Natur oder dem Wetter zu tun haben, werden Sie sich vermutlich nach draußen begeben. Versuchen Sie, ein ruhiges, ungestörtes Plätzchen im Freien zu finden, wo Sie nicht abgelenkt oder unterbrochen werden. Falls Sie einen Hinterhof haben, eignet dieser sich sehr gut dafür.

Egal, wo Sie Ihren Zauber wirken: Sicherheit sollte für Sie stets an erster Stelle stehen. Wenn Sie zum Beispiel an irgendeinem Ort mit Feuermagie arbeiten, sollten Sie unbedingt stets feuersichere Werkzeuge und Hilfsmittel verwenden und einen Feuerlöscher griffbereit haben. Vor allem aber sollten Sie Ihr Hexenhandwerk an einem Ort ausüben, an dem Sie sich wohl- und sicher fühlen.

Wie errichtet man einen Altar?

Ein Altar ist eine Arbeitsfläche oder ein Tisch für Zauber, Zeremonien, Rituale, Meditationen und andere magische Praktiken. Sie können Ihren Altar so gestalten, dass er zu einem bestimmten Zauber oder einem Monat oder einer Jahreszeit passt. Zum Beispiel gestalten viele Hexen Themenaltäre für die acht heidnischen Feste (mehr dazu ab Seite 35). Im Freien können Sie einen Baumstumpf oder flachen Stein als Altar benutzen. Wenn Sie öfters unterwegs sind, sollten Sie einen tragbaren Altar anfertigen, den Sie überallhin mitnehmen können.

Welche Werkzeuge und Hilfsmittel sich auf Ihrem Altar befinden sollten, hängt von der Tradition ab, der Sie angehören. Einen Altar kann man mit jedem Budget errichten – solange er funktionsfähig ist, können Sie ihn so einfach oder kompliziert gestalten, wie Sie möchten. Viele Hexen arbeiten mit einem nach Norden ausgerichteten Altar und statten diesen mit Werkzeugen oder Objekten aus, die alle vier Elemente (Erde, Luft, Feuer und Wasser) repräsentieren. Sie können aber auch andere Gegenstände, zum Beispiel ein Buch der Schatten, Kristalle, saisonale Objekte oder sonstige Opfergaben auf Ihren Altar legen. Für unterschiedliche Zauber müssen Sie den Altar möglicherweise immer wieder neu gestalten. Die Vorbereitung Ihres Altars sollte Spaß machen, also lassen Sie Ihrer Kreativität dabei freien Lauf!

Wie Sie auf Ihre eigenen Kräfte zugreifen

Bevor Sie Magie praktizieren können, müssen Sie lernen, auf Ihre persönliche Kraft zuzugreifen, indem Sie Ihre Gedanken klären und alle Ablenkungen daraus verbannen, um sich in einen entspannten, konzentrierten Geisteszustand zu versetzen. Viele Hexen meditieren zu Beginn ihrer magischen Praxis fünf bis zehn Minuten lang. Versuchen Sie, Musik, Kerzen, Weihrauch, ätherische Öle oder geführte Meditationen in diese geistige Vorbereitungsarbeit einzubauen.

Sobald Sie Ihre Gedanken geklärt haben, müssen Sie Ihre Energie zentrieren, stärken und erden. Der erste Schritt – die Zentrierung – besteht darin, Ihre Energie zu visualisieren, um Zugang zu ihr zu gewinnen. Beim Zentrieren Ihrer Energie sollten Sie spüren, wie diese sich ausdehnt und wieder zusammenzieht. Konzentrieren Sie sich darauf, mit der Energie Ihres Körpers in Kontakt zu treten, und versuchen Sie, ein Gefühl von Ausgewogenheit und innerem Gleichgewicht zu spüren.

Als Nächstes müssen Sie Energie erzeugen. Anfänger verwenden bei diesem Schritt manchmal zu viel von ihrer eigenen Energie und erschöpfen sich dadurch. Das können Sie verhindern, indem Sie bei Ihrer magischen

Arbeit Gegenstände verwenden, die Ihnen zusätzliche Energie bringen, wie Kristalle, Steine oder mit Vollmond aufgeladenes Wasser. Diese Objekte besitzen eine Energie, die Sie mit Ihrer eigenen Energie kombinieren können, um genügend Kraft für einen Zauber zu erhalten. Um einen mit Energie geladenen Gegenstand für einen Zauber zu verwenden, halten Sie dieses Objekt – beispielsweise einen Kristall – in der Hand und stellen sich vor, dass die Energie in Ihrer Hand sich mit der Energie des Kristalls vermischt. Es ist ganz normal, in diesem Augenblick ein Wärmegefühl in der Hand zu spüren – das bedeutet, dass Sie sich diese Energie erschlossen haben und nun bereit sind, sie für Ihren Zauber zu nutzen.

Nach der Durchführung des Zaubers erden Sie Ihre Energie, um Ihr Energieniveau wieder auszugleichen. Durch diese Erdung wird überschüssige Energie freigesetzt, die nach dem Wirken Ihres Zaubers vielleicht noch übrig ist. Anfängerinnen empfehle ich, sich ein paar erdende Kristalle oder Steine, wie beispielsweise Hämatit, Mondstein, Obsidian und Sodalith, zu beschaffen. Bei der Erdung sollten Sie sich so nahe wie möglich am Boden befinden. Diese Nähe trägt dazu bei, eine leichtere, mühelosere Verbindung zur Erde herzustellen. Stellen Sie sich dann vor, wie die ganze überschüssige Energie Ihren Körper verlässt, und konzentrieren Sie sich dabei gleichzeitig auf Ihre Atmung. Lassen Sie bei jedem Ausatmen ein bisschen mehr Energie los und spüren Sie, wie diese Energie in den Boden hineinfließt.

Sollte man Zauber lieber allein oder zusammen mit anderen Hexen wirken?

Nachdem Sie nun das wichtigste Grundwissen zum Thema des Zauberns erworben haben, möchte ich Ihnen eine der häufigsten Anfängerfragen beantworten: Muss man einem Coven angehören, um Magie zu praktizieren oder Zauber zu wirken? Die Antwort lautet: nein. Ob Sie einem Coven beitreten möchten oder nicht, ist eine Entscheidung, die nur Sie allein treffen können.

COVENS

Ein Coven ist eine Gruppe von Hexen, die zusammen Zauber, Rituale und Zeremonien praktizieren. Der Begriff *Coven* wurde durch Margaret Murrays Buch *The Witch-Cult in Western Europe* (1921) populär. In einem Coven gibt es normalerweise eine oder zwei Führungspersonen, die man als Hohepriester oder Hohepriesterin bezeichnet. Wenn Sie in einem Coven Zauber wirken, teilen Sie sich diese Arbeit oft untereinander auf. Dies bedeutet, dass Ihnen nur ein Schritt oder eine Aufgabe im Rahmen des Zaubers übertragen wird. Die in diesem Buch beschriebenen Zauber sind für allein praktizierende Hexen bestimmt, können aber auch in einer Gruppe durchgeführt werden.

Covens sind heute nicht mehr so populär wie früher. Einige Covens haben sich aufgrund der dort herrschenden Korruption und Meinungsverschiedenheiten inzwischen fast schon einen negativen Ruf erworben, und manchen sagt man sogar nach, dass es dort Probleme wie beispielsweise destruktive Machtdynamiken, sexuelle Ausbeutung, erzwungene Nacktheit, Bestechung und andere unangemessene Aktivitäten gibt. Aufgrund dieser von negativen Gerüchten umwobenen Geschichte der Covens ziehen viele Hexen es mittlerweile vor, allein zu praktizieren.

ALLEIN PRAKTIZIERENDE HEXEN

Solche Hexen praktizieren ihre Magie in erster Linie für sich allein, können sich aber trotzdem einer Gemeinschaft anderer Hexen, Wicca-Anhänger oder Neuheiden anschließen. Viele Hexen treffen sich heutzutage in »Zirkeln«. Dies sind inoffizielle Versammlungen, die nicht die Struktur eines Covens haben. Oft tun sie sich zusammen, um den Vollmond zu verehren, ein Ritual durchzuführen oder über Spiritualität und andere Themen zu diskutieren. In solchen Zirkeln können Hexen mit unterschiedlichen Praktiken zusammenarbeiten. Die richtige Hexengruppe zu finden, erfordert schon ein bisschen Recherche und Zeitaufwand. Besuchen Sie Zusammenkünfte, lernen Sie andere Mitglieder kennen und stellen Sie Fragen. Und was am allerwichtigsten ist: Wenn Sie sich irgendwie unter Druck gesetzt fühlen oder den Eindruck haben, in Gefahr zu sein, denken Sie daran, dass Sie jederzeit das Recht haben, zu gehen.

Kalender, Jahreszeiten und Zyklen

Die Arbeit mit Kalendern, Jahreszeiten und Zyklen ist eine sehr gute Methode, um mit der Natur und der magischen Energie um Sie herum in Kontakt zu treten. Zu den wichtigen Tagen, die Sie feierlich begehen sollten, gehören die Sonnenwenden, Tagundnachtgleichen und Sabbate, aus denen sich das Rad des Jahres zusammensetzt.

DIE VIER JAHRESZEITEN UND TAGUNDNACHTGLEICHEN

Die vier Jahreszeiten feiert man an den vier Sonnenfesten: Frühlings-Tagundnachtgleiche, Sommersonnenwende, Herbst-Tagundnachtgleiche und Wintersonnenwende. Außerdem gibt es auch noch Festlichkeiten um die Mitte jeder Jahreszeit. Zusammen bilden diese Feste die acht heidnischen Sabbate: Samhain, Jul, Imbolc, Ostara, Beltane, Litha, Lughnasadh und Mabon. Ein Sabbat ist ein Fest zu Ehren des Wechsels der Jahreszeiten. Sabbat kommt vom lateinischen Wort *sabbatum*, was »Tag der Ruhe« bedeutet.

SAMHAIN (Aussprache: »Sauín«): Dieser Sabbat repräsentiert die letzte Ernte, das Ende des Sommers und den Beginn des neuen Hexenjahrs. Samhain wird in der nördlichen Hemisphäre normalerweise am 31. Oktober und auf der Südhalbkugel am 30. April gefeiert. An diesen Tagen ist der Schleier zwischen den Welten am dünnsten, und die Toten und Fae (Naturgeister wie Feen, Elfen und Kobolde) können in unsere Welt hineinkommen. Samhain fällt auch mit Halloween zusammen. An diesem Hexensabbat ehren Sie Geister, nehmen Kontakt zu Ihren Vorfahren auf oder feiern das Leben und den Tod.

JUL (manchmal auch »Yule« geschrieben, Aussprache: »Juul«): Jul wird in der nördlichen Hemisphäre vom 21. bis 22. Dezember und auf der Südhalbkugel vom 21. bis 22. Juni gefeiert. Jul ist die Wintersonnenwende – die längste Nacht des Jahres. Danach werden die Nächte kürzer, und der Frühling naht. Jul steht für das Versprechen von Licht und der Wiedergeburt der Sonne. Nutzen Sie diese Zeit, um die transformativen Energien von Leben und Tod zu ehren und zusammen mit Familie und Freunden zu feiern.

IMBOLC (Aussprache: »Imbolk«): Imbolc wird in der nördlichen Hemisphäre am 1. Februar und auf der Südhalbkugel am 1. August gefeiert und im Englischen oft auch Candlemas oder Brigid's Day genannt – eine Zeit, in der das Leben nach dem Schlummer und der Dunkelheit des Winters wieder zu erwachen beginnt. An diesem Tag sollten Sie Fruchtbarkeit, Liebe und Kreativität feiern.

OSTARA (Aussprache: »Oh-star-ah«, mit Betonung auf der zweiten Silbe): Ostara wird in der nördlichen Hemisphäre vom 20. bis 21. März und auf der Südhalbkugel vom 20. bis 21. September gefeiert. Ostara ist die Frühlings-Tagundnachtgleiche – einer der beiden Tage im Jahr, an denen Tag und Nacht genau gleich lang sind. Nach Ostara werden die Tage wieder länger, und der Sommer naht. An Ostara feiert man Erneuerung, Gleichgewicht und Wiedergeburt – nutzen Sie diese Zeit, um neuem Leben und neuen Ideen Raum zu geben.

BELTANE (Aussprache: »Beltane« oder – an die englische Aussprache angelehnt – »Beltein«): Beltane wird auf der Nordhalbkugel am 1. Mai und auf der südlichen Halbkugel am 1. November gefeiert und oft auch als Maifeiertag bezeichnet. An diesem Tag feiert man das Leben, Neuanfänge, Leidenschaft und Romantik. Nutzen Sie diese Zeit für Vereinigungen und um die Energien des Frühlings zu ehren.

LITHA (Aussprache: »Lita«): Litha wird in der nördlichen Hemisphäre vom 21. bis 22. Juni und auf der Südhalbkugel vom 21. bis 22. Dezember gefeiert. Litha ist die Sommersonnenwende – der längste Tag des Jahres. Ehren Sie an diesem Tag Sonne und Vitalität, Wachstum und innere Stärke.

LUGHNASADH (Aussprache: »Lunassá«): Lughnasadh wird in der nördlichen Hemisphäre am 1. August und auf der Südhalbkugel am 1. Februar gefeiert und oft auch Lammas genannt. Lughnasadh ist das erste Erntefest – genau die richtige Zeit, um die Früchte der Samen zu ernten, die das ganze Jahr über in Vorbereitung auf die kommenden kälteren Monate ausgesät wurden. Nutzen Sie diese Zeit, um sich in Dankbarkeit zu üben und Fülle und Kreativität zu feiern.

MABON (Aussprache: »Mabón«): Mabon wird auf der Nordhalbkugel vom 22. bis 23. September und auf der Südhalbkugel vom 20. bis 21. März gefeiert. Mabon ist die Herbst-Tagundnachtgleiche – der zweite Tag im Jahr, an dem Tag und Nacht genau gleich lang sind. Nach Mabon werden die Tage kürzer, und der Winter naht. Mabon ist das zweite Erntedankfest des Jahres – eine gute Zeit, um zusammen mit geliebten Menschen zu feiern und seinen Dank auszusprechen (Mabon trägt auch den Spitznamen »Erntedankfest der Hexen«).

MONDPHASEN

Der Mond spielt für das Wirken von Zaubern eine wichtige Rolle. Er umkreist die Erde und braucht für jede Umdrehung 29,5 Tage; diese Zeit bezeichnet man als Mondzyklus. Während eines Mondzyklus nimmt der Mond von Neumond bis Vollmond zu und von da an bis zum Neumond wieder ab, woraufhin ein neuer Zyklus beginnt. Auf den nächsten Seiten werden wir näher auf diese Mondphasen eingehen, und Sie erfahren, wie Sie in Ihrer Praxis als Hexe damit arbeiten können.

Welche Rolle spielt der Mond für Hexen?

Neumond: Der Mondzyklus beginnt mit dem Neumond. Diese Mondphase bietet grenzenloses Potenzial und ist perfekt geeignet für etwas ganz Neues. Daher eignet sie sich hervorragend für Zauber, bei denen es um Neuanfänge, Verbesserungen in Ihrem persönlichen Leben, Manifestation, Frieden und Wahrsagerei geht.

Zunehmender Mond: Der zunehmende Mond (das erste Viertel) liegt zeitlich genau in der Mitte zwischen Neumond und Vollmond. In dieser Phase nimmt die Energie des Mondes zu. Daher eignet sie sich sehr gut für Zauber, bei denen Energie zum Wachsen benötigt wird – also zum Beispiel, wenn es um Kreativität, Glück, Mut, Gesundheit, Finanzen, Ausgeglichenheit, Motivation oder Liebe geht.

Vollmond: Bei Vollmond ist der Mond rund und erstrahlt in seiner ganzen Helligkeit. Um diese Zeit ist seine Energie am stärksten. Nutzen Sie sie, um Ihre Werkzeuge für bevorstehende magische Aktivitäten aufzuladen. Während dieser Phase führen manche Hexen ein Esbat- oder Vollmondritual durch. Die Vollmondphase eignet sich am besten für Zauber, bei denen es um Spiritualität, Entscheidungen, Gesundheit und Erfolg geht.

Abnehmender Mond: Der abnehmende Mond (das letzte Viertel) ist die Phase, in der der Mond abnimmt, bis er wieder beim Neumond angelangt ist. Führen Sie in dieser Phase Zauber durch, bei denen es um Erdung, Loslassen, Eliminierung, Verbannung, Übergänge, Hindernisse und Gleichgewicht geht.

Dunkler oder balsamischer Mond: Kurz vor Neumond liegt die Phase des dunklen oder balsamischen Mondes. Während dieser Zeit ist der Mond in Dunkelheit gehüllt und nicht am Nachthimmel sichtbar. Die dunkle Mondphase eignet sich sehr gut für Zauber, bei denen es um Intuition, Verbannung, Schutz, Reinigung, Meditation und Energiearbeit geht.

VOLLMOND

Jeder Monat des Jahres hat einen Vollmond, und jede dieser Vollmondphasen ist anders. Es gibt nur zwölf Monate, aber 13 Vollmonde im Jahr. Daraus ergibt sich ein »blauer Mond«: ein zweiter Vollmond, der in irgendeinem der zwölf Monate zu sehen ist. Hier eine Liste der Dinge, für die der Mond in den zwölf Monaten des Jahres steht:

JANUARMOND: der Wolfs-, Eis- oder Birkenmond. In dieser Zeit liegt das Schwergewicht auf Energien des Schutzes, der Intuition und Weisheit.

FEBRUARMOND: der beschleunigende, Schnee-, Hunger-, Keuschheits- oder Vogelbeermond; Energien der Reinigung, des Wachstums und der Heilung.

MÄRZMOND: der Sturm-, Wurm-, Samen-, Saft- oder Aschemond. Energien der Wiedergeburt und des Erwachens.

APRILMOND: der Hasen-, Wind-, Gras-, Rosa- oder Erlenmond. Ideal für Zauber, bei denen es um Veränderung, Gleichgewicht, Emotionen und Planung geht.

MAIMOND: der Blumen-, Fröhlichkeits-, Milch-, Pflanz- oder Weidenmond. Ideal für Zauber, bei denen es um Energieaufbau, Intuition und Verbindungen geht.

JUNIMOND: der Rosen-, Met-, Erdbeer-, Starke-Sonne- oder Weißdornmond. Eignet sich hervorragend für Schutz-, Stärkungs-, Vorbeugungs- und Erhaltungszauber.

JULIMOND: der Würze-, Heu-, Donner-, Segens-, Bock- oder Eichenmond. Eignet sich optimal für Zauber, bei denen es um Wahrsagen, Traumarbeit und übersinnliche Fähigkeiten geht.

AUGUSTMOND: der Korn-, Rot-, Stör- oder Stechpalmenmond. Eignet sich für Zauber, bei denen es um Wiedergeburt, Fülle, Wohlstand und Erneuerung geht.

SEPTEMBERMOND: der Ernte- oder Haselmond. Ideal für Zauber, bei denen es um Helligkeit und Dunkelheit, Emotionen und geistiges und körperliches Wohlbefinden geht.

OKTOBERMOND: der Blut-, Jäger- oder Rebenmond. Ideal für Zauber, bei denen es um Loslassen, Reinigung, Karma, Wachstum, Wahrsagen, Traumarbeit und Geister geht.

NOVEMBERMOND: der Trauer-, Frost-, Biber- oder Efeumond. Hilfreich für Zauber, bei denen es um das Ablegen von Gewohnheiten oder die Beendigung von Beziehungen, um Neuanfänge und Verbindungen geht.

DEZEMBERMOND: der Lange-Nächte-, Kälte- oder Schilfmond. Ideal für Zauber, bei denen es um Ausdauer, Wiedergeburt und Transformation geht.

BLAUER MOND: hat eine stärkere Energie als die anderen Monde.

Werkzeuge und Kleidungsstücke

Jeder, der Zauber wirken möchte, braucht für seine Arbeit Hilfsmittel – aber eine große Sammlung von teuren Werkzeugen oder ausgefallenem Schmuck wird Ihre Kraft nicht automatisch verstärken. Zunächst einmal müssen Sie sich ein paar Grundkenntnisse aneignen. In diesem Abschnitt gehe ich auf einige der wichtigsten Spielregeln ein, die man beim Wirken von Zaubern beachten sollte.

DIE RICHTIGE KLEIDUNG

Was für Kleidungsstücke man bei der Ausübung von Magie trägt, hängt von der Tradition ab, der man angehört. Mitglieder eines Covens oder Hexenzirkels tragen manchmal Roben. In manchen Wicca-Traditionen ist es üblich, Magie nackt zu praktizieren. Sie sollten sich natürlich schon ein paar Gedanken darüber machen, was Sie beim Wirken Ihrer Zauber tragen möchten; aber Sie brauchen dazu nichts Aufwendiges oder Teures – Hauptsache, Sie können darin bequem sitzen, stehen, sich bewegen und manchmal auch tanzen. Das Tragen von Schmuck, Kristallen oder Talismanen kann Ihre Energie ebenfalls verstärken.

WICHTIGE GEGENSTÄNDE

Hexen benutzen verschiedene Werkzeuge und Gegenstände, denen eine besondere Bedeutung innewohnt, um ihr Handwerk besser ausüben zu können. Die Werkzeuge, ohne die ich nicht leben kann, sind mein Buch der Schatten, Altarschale, Mörser und Stößel, Kerzen, Kristalle, Weihrauch, Werkzeuge zum Wahrsagen, Besen und Zauberstab. Für manche Zauber in diesem Buch braucht man auch noch andere Gegenstände wie beispielsweise Anhänger oder Talismane, Schmuck und Puppen. Hier ein paar Werkzeuge und Objekte, die für Zauber am häufigsten verwendet werden:

Buch der Schatten

Viele Hexen verwenden ein Buch der Schatten oder Grimoire, um ihre Arbeit zu dokumentieren. Das Buch der Schatten einer Hexe kann Zaubersprüche, Meditationen, Rituale, Rezepte und Notizen enthalten.

Altarschale

Eine gute Altarschale zu finden, ist gar nicht so einfach. In Ihrer Schale müssen Salz, Kräuter, Kristalle und Wasser (für Tränke oder zum Hellsehen) Platz haben. Ich verwende eine schwarze oder naturfarbene Schale, die breit und ziemlich tief ist.

Kerzen

Bei den Zaubern in diesem Buch werden verschiedene Kerzen verwendet. Große Stumpen- oder Kegelkerzen eignen sich sehr gut für Langzeitzauber, während Teelichter oder Votivkerzen für Einmalzauber die beste Wahl sind. Die Brenndauer ist unterschiedlich, doch im Durchschnitt brennen 13 bis 18 Zentimeter lange Stumpenkerzen 90 bis 100 Stunden lang. Kleinere Votivkerzen brennen 10 bis 15 Stunden, 40 Zentimeter lange Kegelkerzen neun bis zwölf Stunden und Teelichter nur vier bis sechs Stunden. Achten Sie darauf, dass Ihre brennenden Kerzen nicht in der Nähe von brennbarem Material, entflammbaren Flüssigkeiten oder Gasen stehen.

Kristalle

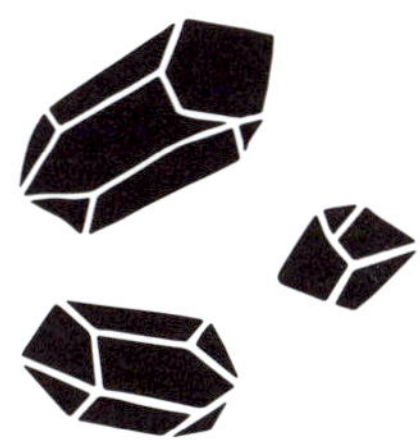

Kristalle sind wichtige Hilfsmittel für das Wirken von Zaubern. Aus meiner Sicht lassen sie sich mit wiederaufladbaren Energiebatterien vergleichen. Für die Zauber in diesem Buch werden verschiedene Kristalle und Steine verwendet; ich empfehle Ihnen jedoch, sich zunächst einen Bergkristall anzuschaffen, weil man diesen bei fast allen Zaubern anstelle anderer Kristalle verwenden kann. Sie müssen Ihre Kristalle nach jeder Verwendung von alten Energien reinigen. Eine Liste häufig verwendeter Kristalle finden Sie auf Seite 47.

Räucherwerk

Räucherwerk wird beim Wirken von Zaubern oft zur Reinigung und inneren Läuterung verwendet und hilft der Hexe außerdem, sich besser auf ihre Absichten zu konzentrieren. Räucherwerk kann entflammbar oder nicht entflammbar sein. Entflammbares Räucherwerk enthält Salpeter, um es leichter brennbar zu machen, und ist in Form von Kegeln, Stäbchen oder Spulen im Handel erhältlich. Nicht entflammbares Räucherwerk muss auf einer Holzkohletablette in einer hitzefesten Schale verbrannt werden. Es ist normalerweise in Form von losen Räuchermischungen oder Räucherbündeln (mit einer Schnur zusammengebundenen Büscheln aus getrockneten Kräutern) erhältlich.

Werkzeuge zum Wahrsagen

Jede Hexe benutzt andere Hilfsmittel, um die Zukunft vorauszusagen. Ich habe immer ein Deck Tarotkarten auf meinem Altar liegen (ich empfehle das Rider Waite Tarot) und außerdem auch stets einen Beutel mit Runensteinen zur Hand. Das sind Steine, die mit dem Runenalphabet – einem vor der lateinischen Schrift entstandenen Alphabet germanischen Ursprungs – beschriftet sind. Ich verwende das Elder-Futhark-Runenalphabet, das aus 24 Buchstaben besteht.

Besen

Ein Hexenbesen dient dazu, einen Raum oder Altarbereich zu fegen. Er reinigt Ihren Arbeitsplatz von alten Energien, die noch von früheren Zaubern oder Ritualen daran haften. Viele Hexen verwenden für die Reinigung ihres Altars und ihrer Werkzeuge und Zutaten einen Miniaturbesen.

Puppe

Hexen arbeiten bei ihren Zaubern auch häufig mit handgefertigten (oft handgenähten) Puppen, die bestimmte Personen darstellen. Solche Puppen können Sie aus jedem Stoff herstellen; doch wenn Sie noch nicht viel Erfahrung im Nähen haben, empfehle ich Ihnen, dafür Filz zu verwenden und mit einer großen Sticknadel und Stickgarn zu nähen.

Zauberstab oder Athame

Ein Zauberstab dient der Lenkung von Energie beim Wirken von Zaubern. Zauberstäbe werden häufig anstelle der traditionellen Athame (Hexenmesser) oder Planchetten (Zeiger) verwendet. Sie können aus verschiedenen Holzarten hergestellt werden; manchmal sind auch Kristalle oder Steine daran befestigt.

Die Vorratskammer einer Hexe

Für viele Zauber in diesem Buch werden Zutaten verwendet, die es in jedem Lebensmittelgeschäft gibt. Im Folgenden finden Sie eine Liste einiger häufig verwendeter Zutaten. Weniger gebräuchliche Artikel können Sie in einem Fachgeschäft für Hexerei kaufen oder im Internet bestellen.

ÄTHERISCHE ÖLE sind konzentrierte Öle, die den Duft der Pflanze verströmen, aus der sie hergestellt wurden. Sie sind sehr stark, daher verwendet man sie für die meisten Zauber nur in kleinen Mengen. Denken Sie daran, diese ätherischen Öle mit Wasser oder einem Trägeröl zu verdünnen, bevor Sie sie auf Ihre Haut auftragen. Die in diesem Buch am häufigsten verwendeten ätherischen Öle sind:

- Bergamotte
- Zeder
- Eukalyptus
- Geranie
- Jasmin
- Lavendel
- Patschuli
- Pfefferminze
- Rose
- Rosmarin
- Salbei
- Sandelholz

Trägeröle sind (meist pflanzliche) Basisöle, die zur Verdünnung von ätherischen Ölen verwendet werden. Sie sind in der Regel sehr erschwinglich und meist in Lebensmittelgeschäften erhältlich. Häufig verwendete Trägeröle sind:

- Mandelöl
- Avocadoöl
- Kokosöl
- Jojobaöl
- Olivenöl
- Hagebuttenöl

KRÄUTER, GEWÜRZE, BLUMEN UND KRISTALLE spielen als Zutaten für viele Zauber in diesem Buch eine wichtige Rolle. Zu den häufig verwendeten Kräutern, Gewürzen, Blumen und Kristallen gehören:

KRÄUTER (FRISCH ODER GETROCKNET)

- Basilikum
- Lorbeerblatt (getrocknet)
- Zitronenmelisse
- Minze
- Beifuß
- Orangenschale (frisch)
- Rosmarin
- Johanniskraut
- Thymian

GEWÜRZE

- Piment
- schwarzer Pfeffer
- schwarzes Salz
- Kardamom
- Cayennepfeffer
- Zimt (gemahlen oder in Form von Stangen)
- Gewürznelken (ganz oder gemahlen)
- zerdrückte Chiliflocken
- Kreuzkümmel
- Bittersalz
- Ingwer (frisch oder getrocknet)
- Muskat
- Salbei
- Meersalz
- Sternanis

BLÜTEN UND FRÜCHTE (SOFERN NICHT ANDERS ANGEGEBEN, STETS GETROCKNET VERWENDEN)

- Kamille
- Geranienblütenblätter
- Hibiskusblüten
- Jasmin
- Lavendel
- Ringelblumenblüten
- Hagebutte
- Rosenblütenblätter (frisch oder getrocknet)
- Veilchenblüten
- Schafgarbenblüten

KRISTALLE

- Aventurin
- Blutstein
- Karneol
- Citrin
- Bergkristall
- Smaragd
- Granat
- Hämatit
- Lapislazuli
- Obsidian
- Peridot
- Pyrit
- Rosenquarz
- Selenit
- Rauchquarz
- Sodalith
- Tigerauge
- Türkis

Zeichen

Beim Zaubern werden häufig Symbole und Zeichen verwendet. Obwohl Hexentraditionen meist sehr ähnliche Symbole verwenden, würde es den Rahmen dieses Buches sprengen, sie hier alle aufzuzählen. Deshalb möchte ich Ihnen an dieser Stelle nur ein paar der häufigsten Symbole vorstellen.

Durch Symbole können Sie gewissermaßen in »Kurzschrift« kommunizieren und Zauber wirken.

SYMBOLE

Die wichtigsten Symbole, die Sie kennen sollten, sind das Pentakel, die Elementardreiecke, Kreise, Mondphasen, Sigillen und Knoten.

PENTAKEL: Ein fünfzackiger Stern (Pentagramm) in einem Kreis. Das Pentakel ist zu einem der charakteristischsten Symbole des modernen Heidentums geworden; man findet es oft auf Hexenwerkzeugen eingraviert. Es steht in engem Zusammenhang mit den vier Elementen und mit Altären, heiligen Kreisen, Schutz, göttlicher Macht und Spiritualität.

ELEMENTARDREIECKE: Dabei handelt es sich um vier verschiedene Dreiecke, die die natürlichen Elemente (Erde, Luft, Wasser und Feuer) darstellen. Sie können die Elementardreiecke beim Wirken von Zaubern anstelle eines Elements verwenden, wenn Sie dieses gerade nicht zur Hand haben.

KREISE: Die Kreisform steht für heiligen Raum und schützende Energie. Kreise werden auch mit Ganzheit, kontinuierlich fließender Energie, dem Geist und den astrologischen Symbolen von Sonne und Mond assoziiert.

MONDPHASEN: Jede Phase des Mondzyklus (Neumond, zunehmender Mond, Vollmond, abnehmender Mond und dunkler Mond) hat ein eigenes

Symbol. Die Kenntnis der Unterschiede zwischen den Mondphasen (auf die ich auf Seite 38 bereits eingegangen bin) hilft Ihnen beim Wirken Ihrer Zauber und erleichtert das Lesen von Kalendern und das Verfolgen der Bewegungen der Gestirne.

SIGILLEN: Das sind individuelle Symbole, die man selbst anfertigt und mit einer bestimmten Absicht oder Bedeutung auflädt. Sie können geschnitzt, gezeichnet oder in einen Gegenstand eingenäht werden, um Energie zu verkörpern. In diesem Buch lernen Sie, verschiedene Arten von Sigillen anzufertigen, die Ihnen bei Ihrer magischen Praxis helfen.

KNOTEN: Sie symbolisieren in Zaubern häufig Verbindung, Schutz und Beziehungen.

FARBEN

In der Hexerei hat jede Farbe eine andere Bedeutung. Für viele Zauber in diesem Buch verwenden wir Farben, um bestimmte Absichten umzusetzen. Hier eine Liste dieser Farben und ihrer Assoziationen:

WEISS: Reinigung, Schutz, Wahrheit, Reinheit, Heilung und klare Sicht

SCHWARZ: Negativität, Umkehrung, Bannung, Schutz, Vergebung, Kummer und Beendigung einer Beziehung

BRAUN: Ungewissheit, Erdung, Schutz, Ideen und Wiederfinden verlorener Gegenstände

GRAU: Neutralität, beruhigende Emotionen, Unsichtbarkeit und Kompromisse

ROT: Liebe, Leidenschaft, Kraft, Mut, Vergnügen, Handeln und Entschlossenheit

ORANGE: Fruchtbarkeit, Kreativität, Selbstwertgefühl, Selbstvertrauen, Fülle und Energie

GELB: Zuversicht, Weisheit, Glück, Gedächtnis, Konzentration, Logik und geistige Übungen

GRÜN: Geld, Glück, Fruchtbarkeit, Heilung, Wachstum und Wohlstand

BLAU: Gesundheit, Beruhigung, Zuversicht, Wahrheit, Erfolg, Schutz und Depression

VIOLETT: Macht, übersinnliche Fähigkeiten, Wahrsagerei, übersinnlicher Schutz, Träume und Erinnerung

ROSA: Liebe, Ehre, Romantik, Freundschaft, Zuneigung, Vertrauen und Anziehung

GOLD: weltliche Errungenschaften, Reichtum und Anerkennung

SILBER: Wahrsagerei, Ziele, erwachende übersinnliche Fähigkeiten und Visionen

LIEDER UND SPRECHGESÄNGE

Worte, Gesänge, Sprechgesänge und Beschwörungsformeln dienen dazu, die Energie, Kraft und Absicht eines Zaubers zu verstärken. Sie können auch eigene Gesänge oder Beschwörungsformeln erfinden.

Bevor Sie mit dem Zaubern beginnen

Bevor wir mit dem Wirken von Zaubern anfangen, ist es wichtig, etwas über Karma, Absicht, Reinkarnation und freien Willen zu lernen. Denn dann haben Sie eine bessere Grundlage für Ihre Arbeit, können fundierte Entscheidungen treffen und sich der Konsequenzen Ihrer Zauber bewusst sein.

KARMA UND ABSICHT

In Grundzügen sind wir bereits auf Seite 24 auf das Thema Karma eingegangen; aber Sie müssen auch auf Ihre Absichten achten und sich bewusst machen, in welcher Beziehung diese zu Ihrem Karma stehen. Bei der Festlegung der Absichten für Ihre Zauber sollten Sie sehr verantwortungsbewusst vorgehen. Denken Sie daran, dass jede Absicht, die Sie in die Welt setzen, früher oder später zu Ihnen zurückkehrt.

REINKARNATION

Viele Hexen und Wicca-Anhänger glauben an Geister, ein Leben nach dem Tod und Reinkarnation; und hier kommt das Thema Karma ins Spiel. Wenn Sie in Ihrem Leben viel Pech haben oder Negatives erleben, geht man davon aus, dass dies auf schlechte Taten in früheren Leben zurückzuführen ist.

FREIER WILLE

Als Hexe haben Sie die Macht, Veränderungen zu manifestieren; doch egal, was Sie tun: Sie müssen dabei den freien Willen anderer Menschen respektieren. Der Versuch, etwas an den freien Entscheidungen einer anderen Person zu verändern, kann gravierende Folgen haben. Denken Sie daran, wenn Sie Zauber wirken, die andere Menschen betreffen, und achten Sie genau auf Ihre Absichten.

Häufige Anweisungen in Zaubern

Die Zauber in diesem Buch enthalten oftmals immer wieder die gleichen Anweisungen. Bevor wir uns mit den einzelnen Zaubern beschäftigen, möchte ich Ihnen einige besonders häufig vorkommende Anleitungen und deren Bedeutung erklären.

REINIGUNG DES ALTARS ODER BEREICHS, IN DEM DER ZAUBER GEWIRKT WERDEN SOLL: Das ist bei fast allen Zaubern in diesem Buch der erste Schritt. Damit ist die physische Reinigung Ihres Arbeitsbereichs und die Vertreibung alter Energien gemeint. Sie können dafür Ihre eigene Energie, aber auch einen Besen, Weihrauch oder Kristalle verwenden. Während dieser Reinigung können Sie Ihren Arbeitsbereich gleichzeitig auch segnen oder für Ihre magische Arbeit weihen.

REINIGUNG IHRER WERKZEUGE UND ZUTATEN: Vor Beginn der meisten Zauber müssen Sie erst einmal Ihre Werkzeuge und Zutaten reinigen. Es gibt mehrere Möglichkeiten, einen Gegenstand zu reinigen: Sie können ihn durch den Rauch von Räucherwerk ziehen, mit einem Besen darüber wedeln oder ihn mit Wasser waschen. Dabei sollten Sie ein paar praktische Regeln beachten: Beispielsweise sollte man für die Reinigung von Gegenständen, die durch Nässe beschädigt werden könnten – zum Beispiel Metallschmuck, Holz und manche Kristalle – kein Wasser verwenden und auch niemals Gegenstände mit Räucherwerk reinigen, wenn man sich in einem schlecht belüfteten Raum aufhält. In den Beschreibungen meiner Zauber gehe ich nicht darauf ein, wie die Objekte gereinigt werden sollen (es sei denn, der Zauber erfordert eine sehr spezielle Reinigungsmaßnahme); normalerweise können Sie dabei nach Ihrem eigenen Ermessen vorgehen.

AUFLADEN VON WASSER: Für einige Zauber in Teil 2 dieses Buches braucht man Wasser, das bei Vollmond aufgeladen wurde. Um eine Schale Wasser aufzuladen, lassen Sie sie einfach über Nacht bei Vollmond stehen. Dadurch kann sich die lunare Energie des Mondes auf das Wasser übertragen und es energetisieren.

AUFLADEN (ODER WIEDERAUFLADEN) EINES KRISTALLS: Sie können einen Kristall aufladen, indem Sie ihn bei Vollmond so hinlegen, dass das Mondlicht darauffällt. Falls Sie keine Zeit haben, um mit Ihrem Zauber bis zum nächsten Vollmond zu warten, können Sie den Kristall auch in der Hand halten, um ihn mit Ihrer eigenen Energie aufzuladen. Aber achten Sie darauf, nicht zu viel von Ihrer Energie dafür zu verbrauchen.

AUFLADEN EINES SELBST GESCHAFFENEN GEGENSTANDS: Um einen Gegenstand aufzuladen, den Sie im Rahmen eines Zaubers angefertigt haben, führen Sie den gleichen Zauber noch einmal daran aus. Wenn Sie laut Anweisung beispielsweise einen verzauberten Anhänger erstellt haben, können Sie diesen Anhänger aufladen, indem Sie den Zauber noch ein zweites Mal an ihm wirken. Das trägt dazu bei, dass solche Gegenstände ihre magischen Eigenschaften beibehalten.

SALBEN EINES GEGENSTANDS: Etwas zu salben bedeutet, es mit Öl einzureiben.

WAHRSAGEN, WASSERLESEN, FEUERLESEN ODER KRISTALLKUGELLESEN: Beim Wahrsagen schaut man in irgendetwas hinein, um daraus die Zukunft zu lesen. Bei den Zaubern in diesem Buch schauen Sie zu diesem Zweck normalerweise in ein Feuer, eine Kerzenflamme, eine Schale mit Wasser, den Rauch von Räucherwerk oder eine Kristallkugel.

ARBEIT MIT IHREM ZAUBERSTAB: Mithilfe eines Zauberstabs können Sie Ihre Energie besser lenken und konzentrieren. Dazu halten Sie Ihren Stab fest umfasst und behandeln ihn wie eine Verlängerung Ihrer Hand. Lenken und kanalisieren Sie Ihre Energie mithilfe des Stabs in eine bestimmte Richtung, während Sie Ihre Absicht fassen, Energiebarrieren errichten oder Kristallgitter aktivieren.

GEGENSTÄNDE MIT IHRER ABSICHT AUFLADEN: Um einen Gegenstand mit Ihrer Absicht aufzuladen, halten Sie ihn in den Händen, schließen die Augen und visualisieren Ihren Wunsch. Dadurch überträgt sich ein Teil Ihrer Energie auf den Gegenstand. Ihre Absicht, Ihre Energie und Ihr Wunsch werden die Ergebnisse Ihres Zaubers manifestieren.

TEIL II

DIE ZAUBER

Durch Zauber wollen wir normalerweise Veränderungen in unserem Leben bewirken. Doch wir müssen lernen, dabei sehr genau auf die Energie und die Absichten zu achten, die wir in unsere Zauber hineinlegen. Anfänger geraten leicht in Versuchung, in böser Absicht Magie zu praktizieren, wenn sie unter dem Einfluss starker oder instabiler Emotionen stehen – doch das kann gravierende Konsequenzen nach sich ziehen.

Wenn Sie merken, dass Ihre Emotionen außer Kontrolle geraten, praktizieren Sie einen Selbstliebe-Zauber (Seite 61), um Ihre Gefühle in den Griff zu bekommen. Das wird Ihnen helfen, wieder zur Ruhe zu kommen, und verhindern, dass andere Menschen Schaden nehmen.

Es ist sehr wichtig, dass Sie beim Wirken von Zaubern stets wohlüberlegt, vernünftig und vorsichtig vorgehen. Denken Sie daran, dass es in Ihrer Hand liegt, wie Sie die Kraft Ihrer Absichten nutzen.

KAPITEL 3

ROMANTISCHE LIEBE

Viele Zauber dienen dazu, einen Liebespartner zu finden oder anzuziehen. Das kann aber auch gefährlich sein, denn wenn man nicht aufpasst, verstößt man dabei womöglich gegen kosmische Gesetze. Also treffen Sie beim Wirken dieser Zauber fundierte Entscheidungen darüber, was richtig und was falsch ist. Mithilfe der Zauber in diesem Kapitel können Sie die Liebe finden, in Ihr Leben hineinziehen oder verstärken. Es gibt aber auch Zauber zur Überwindung von Liebe.

Rosentrank zur Stärkung Ihrer Anziehungskraft

Dieser Trank ist der ideale Zauber, um potenzielle neue Verehrer oder Bewerber in Ihr Leben zu locken. Dazu brauchen Sie nur ein paar Kräuter, die einfach zu finden sind, und Werkzeuge, die Sie wahrscheinlich bereits im Haus haben. Eine Rose ist die geeignetste Blume für dieses Rezept, da sie mit Liebe assoziiert wird.

ZEITPUNT:
An einem Freitag oder bei zunehmendem Mond

DAUER:
15 Minuten

ORT:
Küche

ZUTATEN/WERKZEUG:
kleiner Topf
240 ml Wasser
1 TL getr. Rosenblütenblätter
1 TL getr. Hibiskusblüten
1 TL getr. Lavendelblüten
1 Prise Zimt
Mulltuch oder Sieb
Tasse zum Trinken

1. Reinigen Sie Ihre Küche.
2. Bringen Sie das Wasser in einem kleinen Topf zum Kochen, während Sie sich auf Ihre Absicht konzentrieren.
3. Nehmen Sie den Topf vom Herd. Geben Sie nacheinander Rosenblütenblätter, Hibiskus, Lavendel und Zimt in den Topf. Wiederholen Sie dabei viermal den Spruch *»Möge mein Trank von der Energie der Anziehung erfüllt sein«*.
4. Rühren Sie die Mischung langsam um, während Sie visualisieren, wie die Energie der Anziehung die Kräuter in dem Topf einhüllt. Lassen Sie den Trank 10 Minuten ziehen.
5. Dann seihen Sie ihn in eine Tasse ab und trinken ihn.

Bad für mehr Selbstliebe

Badezauber eignen sich sehr gut dazu, sich von alter Energie zu reinigen und neue Energie der Selbstliebe und -fürsorge in Ihr Leben hineinzulassen. Dieser Zauber wird mehr Liebe zu Ihrem körperlichen, geistigen, emotionalen, psychischen und spirituellen Ich in Ihnen wecken.

ZEITPUNKT:
An einem Montag oder Freitag oder bei Vollmond

DAUER:
30 Minuten

ORT:
Badezimmer

ZUTATEN/WERKZEUG:
240 g Bittersalz
3 Tropfen ätherisches Jasminöl
3 Tropfen ätherisches Rosenöl
rosafarbene Stumpenkerze
Feuerzeug oder Streichhölzer
Rosenquarz

1. Reinigen Sie Ihr Badezimmer.
2. Lassen Sie warmes oder heißes Wasser in Ihre Badewanne laufen.
3. Geben Sie das Bittersalz und die ätherischen Öle hinein.
4. Während die Wanne vollläuft, zünden Sie die Kerze an und stellen sie an einem sicheren Ort in der Nähe der Badewanne auf.
5. Halten Sie den Rosenquarz in Ihrer dominanten Hand, baden Sie 20 Minuten lang in dem Wasser und konzentrieren Sie sich dabei darauf, was Sie an sich selbst lieben. Spüren Sie, wie das Badewasser Ihren Körper und den Rosenquarz mit Liebe und heilender Energie erfüllt.
6. Nach 20 Minuten lassen Sie das Wasser ablaufen und blasen die Kerze aus.
7. Immer, wenn Sie ein bisschen mehr Selbstliebe brauchen, zünden Sie die Kerze an und halten Sie den Rosenquarz in der Hand.

Zauber zur Überwindung einer Liebe

Dieser Zauber hilft Ihnen, über eine vergangene Liebesbeziehung hinwegzukommen. Man wirkt ihn am besten nach Vollmond, sobald der Mond beginnt, sich wieder in die Dunkelheit der Neumondphase zurückzuziehen.

ZEITPUNKT:
Bei abnehmendem Mond

DAUER:
15 Minuten

ORT:
Altar

ZUTATEN/WERKZEUG:
3 Tropfen ätherisches Nelkenöl
1 EL Olivenöl
kleine Schale
schwarze Stumpenkerze
Feuerzeug oder Streichhölzer
Stift und Blatt Papier
große Schüssel
kleine Schüssel
120 ml Wasser

1. Reinigen Sie Ihren Altar.
2. Vermischen Sie das Nelkenöl in einer kleinen Schale mit dem Olivenöl. Reiben Sie das Öl mit den Fingern in Ihre schwarze Kerze ein. Achten Sie darauf, dass dabei kein Öl auf den Docht tropft.
3. Zünden Sie die Kerze an und konzentrieren Sie sich auf Ihre Absicht, Ihre innere Beziehung zu Ihrem Expartner zu beenden.
4. Schreiben Sie eine Abschiedsbotschaft an die Emotionen, die Ihnen nicht mehr dienlich sind. Legen Sie das Blatt Papier in eine große Schüssel.
5. Füllen Sie eine kleine Schüssel mit dem Wasser und legen Sie Ihre Hände hinein, um Schmerz, Wut und Groll wegzuspülen.
6. Schöpfen Sie mit den Händen etwas Wasser aus der Schüssel und spritzen Sie es auf das Papier, um den Abschied von Ihrem Expartner zu vollziehen.
7. Wringen Sie das Papier aus und werfen Sie es weg, damit es aus Ihrem Leben verschwindet.
8. Immer, wenn Sie das Gefühl haben, dass Ihre alten Gefühle zurückkehren, zünden Sie die gesalbte Kerze wieder an.

Individuelle Liebes-Sigille

Eine Liebes-Sigille zu entwerfen, macht Spaß und ist eine kreative Beschäftigung. Mit dieser Sigille können Sie die Aufmerksamkeit des Menschen, den Sie lieben, auf sich lenken. Außerdem hilft sie Ihnen, sich über Ihre wahren Gefühle klar zu werden.

ZEITPUNKT:
An einem Freitag oder bei Neumond

DAUER:
10 Minuten

ORT:
Altar

ZUTATEN/WERKZEUG:
Stift mit roter Tinte
2 Blatt Papier

1. Reinigen Sie Ihren Altar.
2. Schreiben Sie Ihren Namen und den Namen der Person, die Sie lieben, mit rotem Stift auf eines der beiden Blätter.
3. Zerlegen Sie die Buchstaben der Namen in ihre Grundstriche (beispielsweise Kurven, Punkte, Querstriche und Linien). Zeichnen Sie diese Striche unter den Namen auf dasselbe Blatt.
4. Verbinden Sie die Striche auf diesem Blatt so miteinander, dass sie den Umriss einer Figur bilden. Das kann zum Beispiel ein Quadrat, Herz, Kreuz oder Dreieck sein. Legen Sie alle übrig gebliebenen Kreise, Bögen und Striche an den Umrisslinien Ihrer Figur entlang oder außen herum. Diese Figur ist Ihre Liebes-Sigille.
5. Übertragen Sie Ihre Liebes-Sigille, die nun mit Ihren verschlüsselten Absichten aufgeladen ist, auf das zweite Blatt Papier. Tragen Sie dieses Papier immer bei sich.

Knotenzauber zur Wiedererweckung der Liebe

Hatten Sie einen Streit mit Ihrem Partner, den Sie bereuen? Möchten Sie, dass Ihre Beziehung wieder so liebevoll ist wie am Anfang? Dieser Zauber sorgt dafür, dass die Energie Ihrer Beziehung wieder so wird wie früher, als Ihre Liebe noch rein und neu war.

ZEITPUNKT:
An einem Montag oder bei Neumond

DAUER:
45 bis 60 Minuten

ORT:
Altar

ZUTATEN/WERKZEUG:
Räucherwerk zur Entfachung von sexuellem Verlangen (Seite 73) oder Räucherwerk für eine positivere Einstellung (Seite 218)
Holzkohletablette und hitzefeste Schale (optional)
3 rote Teelichter
Feuerzeug oder Streichhölzer
2 Stücke Schnur in verschiedenen Farben, je 30 cm lang

1. Reinigen Sie Ihren Altar.
2. Verbrennen Sie Ihr Räucherwerk. Stellen Sie die Teelichter so auf, dass sie zusammen ein Dreieck bilden.
3. Zünden Sie die Teelichter an und konzentrieren Sie sich auf Ihre Absicht, Ihre Liebe neu zu beleben.
4. Halten Sie die beiden Schnüre aneinander und verschlingen Sie sie an einem Ende mit einem einfachen Überhandknoten. Sagen Sie dabei: *»Knoten der Liebe, erwecke das verschwundene Gefühl wieder zum Leben.«*
5. Machen Sie noch einen Knoten und sagen Sie: *»Knoten der Leidenschaft, bringe uns die Lust zurück.«*
6. Binden Sie einen dritten Knoten und sagen Sie: *»Knoten der Hingabe, repariere alles, was in unserer Beziehung kaputtgegangen ist.«*
7. Dann knüpfen Sie den vierten und letzten Knoten und sagen: *»Knoten der Sehnsucht, schreibe die Geschichte unserer Liebe neu.«*
8. Lassen Sie die Teelichter weiterbrennen, während Sie meditieren und dabei die Liebe visualisieren, die Sie wieder zum Leben erwecken möchten. Tun Sie das 45 bis 60 Minuten lang.

Zauber zum Wegbrennen von Liebeskummer

Für diesen Zauber brauchen Sie Fotos und Zitronenmelisse, die für ihre heilenden Eigenschaften bekannt ist. Mithilfe dieses Zaubers können Sie sich von dem emotionalen Schmerz einer zerbrochenen Beziehung erholen.

ZEITPUNKT:
An einem Montag oder bei dunklem Mond

DAUER:
30 bis 45 Minuten

ORT:
Altar oder Feuerstelle im Freien

ZUTATEN/WERKZEUG:
Feuerstelle im Freien, falls Sie den Zauber draußen wirken möchten
feuerfeste Schüssel, falls Sie ihn drinnen an Ihrem Altar wirken möchten
Feuerzeug oder Streichhölzer
2 Fotos (eines von Ihnen und eines von dem Menschen, der Ihnen das Herz gebrochen hat)
1 kleine Handvoll getr. Zitronenmelisse
Meersalz (optional)

1. Reinigen Sie Ihren Altar oder den Bereich Ihrer Feuerstelle im Freien.
2. Falls Sie den Zauber drinnen durchführen, zünden Sie den Rand beider Fotos nacheinander mit einem Feuerzeug an, bevor Sie die Fotos in Ihre feuerfeste Schüssel legen. Wenn Sie den Zauber im Freien durchführen, können Sie die Fotos nacheinander ins Feuer werfen. Während die Fotos brennen, sagen Sie:
   »Mit diesem Foto lindere ich meinen Kummer;
   mit diesem Feuer brenne ich diese Trauer weg;
   mit dieser Asche nehme ich den Schmerz von mir fort.«
3. Sobald beide Fotos verbrannt sind, werfen Sie die Zitronenmelisse ins Feuer oder in die Schüssel.
4. Optional: Nehmen Sie etwas von der Asche und vermischen Sie sie mit Meersalz. Stellen Sie daraus ein sehr wirksames (nicht essbares) schwarzes Salz her, das Sie in Zukunft um sich herum verstreuen oder werfen können, um negative Emotionen zu verbannen.

Talisman zur Heilung eines gebrochenen Herzens

Bei diesem Zauber erstellen Sie einen Talisman zur Heilung Ihres gebrochenen Herzens. Sie müssen diesen Talisman immer bei sich tragen. Für diese Rezeptur wird Cayennepfeffer verwendet, der bei Trennungen und gegen emotionalen Schmerz hilft.

ZEITPUNKT:
An einem Montag oder bei dunklem Mond

DAUER:
15 Minuten

ORT:
Altar

ZUTATEN/WERKZEUG:
1 Prise Cayennepfeffer
schwarze oder weiße Votiv- oder Stumpenkerze
Feuerzeug oder Streichhölzer
Halskette

1. Reinigen Sie Ihren Altar.
2. Streuen Sie den Cayennepfeffer auf das obere Ende der Kerze.
3. Zünden Sie die Kerze an und visualisieren Sie ihre heilenden Eigenschaften.
4. Ziehen Sie Ihre Halskette durch den Kerzenrauch und sagen Sie:
   »Heilende Kette,
   fülle die Leere in meinem gebrochenen Herzen,
   während ich dich mit Energie und Gefühlen auflade;
   hilf mir bei meinem Neuanfang.«
5. Lassen Sie Ihre Kraft in die Halskette einfließen und laden Sie sie so für den künftigen Gebrauch auf.
6. Wiederholen Sie diesen Zauber alle paar Monate, um Ihren Talisman neu aufzuladen. Sie können dafür immer wieder dieselbe Kerze verwenden.

Treue-Ringzauber

Verzaubern Sie Ihre Ringe, um Vertrauen zwischen sich und Ihrem Partner aufzubauen. Dieser Zauber ist für Eheringe gedacht, eignet sich aber auch für andere Schmuckstücke.

ZEITPUNKT:
Während der Frühlings-Tag-undnachtgleiche oder Sommersonnenwende oder bei zunehmendem Mond

DAUER:
15 Minuten

ORT:
Altar

ZUTATEN/WERKZEUG:
1 EL Trägeröl
2 große Teller
rosa Stumpenkerze
1 TL getr. Basilikum
1 TL getr. Süßholzwurzel
Feuerzeug oder Streichhölzer
Schmuckstücke (eines von Ihnen und eines von Ihrem Partner)

1. Reinigen Sie Ihren Altar.
2. Gießen Sie das Trägeröl auf einen Teller.
3. Rollen Sie die Stumpenkerze in dem Öl hin und her.
4. Bestreuen Sie die geölte Kerze mit Basilikum und Süßholzwurzel, bis sie von allen Seiten leicht damit überzogen ist. Konzentrieren Sie sich darauf, Ihre Absichten in die Kerze hineinzulegen.
5. Stellen Sie die geölte Kerze auf den zweiten Teller und zünden Sie sie an.
6. Ziehen Sie Ihre beiden Schmuckstücke durch den Kerzenrauch. Achten Sie dabei darauf, nicht zu nah an die Flamme heranzukommen.
7. Konzentrieren Sie sich darauf, beide Schmuckstücke mit Gedanken des Vertrauens, der Bindung, der Treue und der Hingabe zu erfüllen.
8. Lassen Sie die Schmuckstücke abkühlen. Tragen Sie Ihren Schmuck und wiederholen Sie den Zauber alle ein bis drei Monate, um die Schmuckstücke wieder neu aufzuladen.

»Komm zu mir«-Öl

Sie können dieses Öl auf der Haut tragen, um Energie und Schwingungen auszusenden, die Liebe anziehen, oder es zum Salben von Kerzen, Puppen oder Talismanen verwenden. Wenn Sie eine empfindliche Haut haben, testen Sie es zuerst an einer kleinen Stelle. Dieses Öl bleibt ungefähr acht Monate lang wirksam; danach sollten Sie eine neue Portion herstellen.

ZEITPUNKT:
An einem Freitag oder bei Vollmond

DAUER:
20 Minuten

ORT:
Altar

ZUTATEN/WERKZEUG:
2 EL Trägeröl (z. B. Mandel- oder Jojobaöl)
kleine bernsteinfarbene Roller- oder Tropfflasche
2 Tropfen ätherisches Rosenöl
2 Tropfen ätherisches Zedernöl
1 Tropfen ätherisches Lavendelöl
1 Tropfen ätherisches Vanilleöl
Prise Orangenschale

1. Reinigen Sie Ihren Altar.
2. Füllen Sie das Trägeröl in die Flasche.
3. Geben Sie dann nacheinander das Rosen-, Zedern-, Lavendel- und Vanilleöl dazu. Sagen Sie beim Hinzufügen jeder Zutat:
   »Komm zu mir.«
4. Fügen Sie die Orangenschale hinzu.
5. Halten Sie die Flasche in den Händen und visualisieren Sie, wie sie von Energie eingehüllt wird. Laden Sie sie mit Ihren Absichten auf.

Citrin-Hellsehtrank

Dieser Tee hilft beim Wahrsagen in Liebesdingen und zeigt Ihnen Visionen von Ihrem zukünftigen Partner. Sie können ihn auch zum Aufladen Ihres Citrins verwenden. Citrin regt den Geist an, sodass Sie besser hellsehen können.

ZEITPUNKT:
An einem Freitag oder Neumond

DAUER:
15 bis 20 Minuten

ORT:
Küche

ZUTATEN/WERKZEUG:
kleiner Topf
240 ml Wasser
1 TL getr. Rosenblütenblätter
1 TL getr. Kamille
½ TL getr. Beifuß
½ TL getr. Zitronengras
Citrin
Mulltuch oder Sieb
Tasse zum Trinken

1. Reinigen Sie Ihre Küche.
2. Lassen Sie in einem kleinen Topf das Wasser aufkochen und nehmen Sie den Topf vom Herd.
3. Geben Sie nacheinander Rosenblütenblätter, Kamille, Beifuß und Zitronengras in den Topf.
4. Halten Sie den Citrin in den Händen und sagen Sie:
   »Mit diesen Kräutern verstärke ich meine Sicht
   und entdecke das Unsichtbare;
   durch diesen Tee werden die Visionen,
   die der Citrin mir zeigt, klarer.«
5. Rühren Sie den Trank langsam um, während Sie sich vorstellen, wie die Energie der verstärkten Sicht sich um den Citrin legt. Lassen Sie den Trank 10 Minuten ziehen.
6. Seihen Sie den Trank in eine Tasse ab und trinken Sie ihn, während Sie den aufgeladenen Citrin immer noch in den Händen halten.

Bindungsrune für Liebende

Mithilfe dieser Bindungsrune können Sie eine Liebesbeziehung anziehen oder aufrechterhalten (mehr zu Runen siehe Seite 44). Bindungsrunen werden hergestellt, indem man zwei oder mehr Runen zu einer einzigen Figur kombiniert. Suchen Sie sich für diesen Zauber einen flachen Stein, der Ihnen gefällt. Auf diesem Stein werden Sie Ihre Bindungsrune einzeichnen.

ZEITPUNKT:
An einem Freitag bei Neumond

DAUER:
15 Minuten

ORT:
Altar

ZUTATEN/WERKZEUG:
Liste von Runen und deren Bedeutungen
Blatt Papier und Stift
aufgesammelter Stein oder Gesteinsbrocken, der flach genug ist, um darauf zu schreiben
roter Permanentmarker

1. Reinigen Sie Ihren Altar.
2. Üben Sie die Herstellung einer Bindungsrune, indem Sie zwei übereinanderliegende Runenformen auf ein Blatt Papier zeichnen. Wählen Sie dafür zwei Runen, die Ihre Absicht der Liebe repräsentieren. Für Beziehungen und Glück sind Gebo und Wunjo besonders gut geeignet. Gebo ist die Rune der Geschenke und Partnerschaften, Wunjo die Rune der Freude und des Genusses.

3. Reinigen Sie den Stein.
4. Halten Sie den Stein in der Hand und stellen Sie sich vor, wie die Energie Ihrer Absichten in ihn hineinfließt.
5. Zeichnen Sie mit dem Permanentmarker die Bindungsrune auf Ihren Stein.
6. Tragen Sie Ihren Bindungsrunenstein immer bei sich.

Zaubersäckchen »Mein Liebling«

Nähen Sie dieses Zaubersäckchen, um einen Liebespartner anzuziehen. Tragen Sie es in Ihrer Handtasche oder in der Hosentasche oder legen Sie es unter Ihr Kopfkissen, um von einer zukünftigen Liebe zu träumen. Sie müssen das Säckchen stets in Ihrer Nähe haben, damit es seine Wirkung entfalten kann.

ZEITPUNKT:
An einem Freitag oder bei Neumond

DAUER:
15 Minuten

ORT:
Altar oder Küche

ZUTATEN/WERKZEUG:
rote oder rosa Votivkerze
Feuerzeug oder Streichhölzer
20 × 20 cm großes Quadrat aus rotem oder rosa Stoff
2 TL getr. Erdbeeren
2 TL getr. Vogelmiere
2 TL getr. Rosenblütenblätter
2 TL getr. Lavendel
2 Zimtstangen
rosafarbener Topas oder Rubin
herzförmiger Talisman oder individuelle Liebes-Sigille (Seite 63)
rote oder rosa Schnur

1. Reinigen Sie Ihren Altar oder Ihre Arbeitsfläche in der Küche.
2. Zünden Sie die Votivkerze an und visualisieren Sie Ihre Absichten.
3. Breiten Sie das Tuch aus. Legen Sie Erdbeeren, Vogelmiere, Rosenblütenblätter, Lavendel, Zimtstangen, den Kristall Ihrer Wahl und Ihren Talisman darauf und sagen Sie dabei:

   »Erdbeere für süße Liebe,
   Vogelmiere für Beziehungen,
   Rosenblütenblätter für Romantik,
   Lavendel für Anziehung,
   Zimt für Glück,
   Kristall für Verlockung,
   Talisman für mein Herz.«

4. Heben Sie die vier Ecken des Tuchs an und binden Sie sie mit der Schnur fest zusammen, um das Säckchen zu verschließen. Visualisieren Sie dabei die Energien der Zutaten.

Rosenblütennebel-Zauber

Verzaubern Sie das andere Geschlecht mit diesem Zaubernebel. Sie können ihn auf Ihre Haut oder in der Luft um sich herum versprühen, um eine einladende Energie auszusenden, die Menschen zu Ihnen zieht. Aber Sie können diesen Nebel auch rund um Ihren Altar versprühen, um Ihre Absichten bei Liebeszaubern zu verstärken.

ZEITPUNKT:
An einem Montag oder Freitag oder bei zunehmendem Mond

DAUER:
20 Minuten

ORT:
Küche

ZUTATEN/WERKZEUG:
120 ml zimmerwarmes destilliertes Wasser oder abgekochtes Leitungswasser
Sprühflasche aus braunem Glas (ca. 175 ml Fassungsvermögen)
6 Tropfen ätherisches Rosenöl

1. Reinigen Sie Ihren Altar oder Ihre Arbeitsfläche in der Küche.
2. Füllen Sie das destillierte Wasser in die Sprühflasche und fügen Sie das Rosenöl hinzu. Schütteln Sie die Flasche, damit die beiden Zutaten sich miteinander vermischen.
3. Während des Schüttelns lassen Sie Ihre Absichten in die Mischung hineinfließen, um eine Liebesbeziehung anzuziehen. Wenn es Ihnen hilft, halten Sie die Flasche in den Händen und stellen Sie sich vor, wie Ihre Energie die Flasche umhüllt und in die Flüssigkeit hineinfließt.
4. Schütteln Sie die Flasche vor jedem Gebrauch, um das Wasser und das Öl miteinander zu vermischen. Tragen Sie diesen Rosenblütennebel alle paar Stunden erneut auf.

Räucherwerk zur Entfachung von sexuellem Verlangen

Diese Räuchermischung eignet sich hervorragend dazu, Leidenschaft, Lust oder starke Gefühle zu wecken. Verwenden Sie sie im Schlafzimmer oder zur Verstärkung von Liebeszaubern wie beispielsweise dem Knotenzauber zur Wiedererweckung der Liebe von Seite 64. Sie sollte auf einer Holzkohletablette verbrannt werden.

ZEITPUNKT:
An einem Freitag oder bei zunehmendem Mond

DAUER:
15 Minuten

ORT:
Altar oder Küche

ZUTATEN/WERKZEUG:
1 EL getr. Jasmin
1 EL getr. Zitronenmelisse
1 EL getr. Rosenblütenblätter
1 EL getr. Damiana (Safranmalve)
1 EL getr. Kardamom
Mörser und Stößel
Holzkohletablette
hitzefeste Schale
Feuerzeug oder Streichhölzer
kleines verschließbares Glas

1. Reinigen Sie Ihren Altar oder Ihre Arbeitsfläche in der Küche.
2. Zermahlen Sie Jasmin, Zitronenmelisse, Rosenblütenblätter, Damiana und Kardamom mit Mörser und Stößel leicht, sodass die Mischung eine grobe Konsistenz hat.
3. Konzentrieren Sie sich dabei auf Ihre Absichten und lassen Sie Ihre Energie in die Kräuter hineinfließen. Durch die Verwendung eines Mörsers und Stößels können Sie etwas mehr Energie in die Mischung einbringen als mit einer Gewürzmühle.
4. Legen Sie die gemahlenen Kräuter auf eine Holzkohletablette in einer hitzefesten Schale und zünden Sie sie an.
5. Bewahren Sie die restlichen gemahlenen Kräuter für die spätere Verwendung in dem verschließbaren Glas auf.

Tonikum für Liebende

Bei diesem Tonikum handelt es sich um einen Glühwein, bei dem Sie mit Küchenhexerei, verzauberten Kräutern und einer intimen Atmosphäre arbeiten, um Ihrem (oder Ihrer) Geliebten näherzukommen. Es wirkt inspirierend, manifestiert Leidenschaft, Vertrauen und Liebe und vertreibt Schüchternheit.

ZEITPUNKT:
An einem Freitag, am Valentinstag oder bei Vollmond

DAUER:
30 Minuten

ORT:
Küche

ZUTATEN/WERKZEUG:
1 Flasche Rotwein
240 ml Brandy
mittelgroßer Topf
1 Orange, in Scheiben geschnitten
3 Zimtstangen
1 Prise Muskatnuss
1 kleine Handvoll Sternanis
6 Gewürznelken
2–4 EL Zucker, Honig oder Ahornsirup
2 Tassen zum Trinken

1. Reinigen Sie Ihre Küche.
2. Gießen Sie den Wein und den Brandy in einen mittelgroßen Topf und erhitzen Sie ihn 10 Minuten lang auf niedriger Stufe. Wenn der Alkohol verfliegen soll, lassen Sie die Mischung stattdessen 10 Minuten lang kochen.
3. Während sich die Mischung erhitzt, segnen Sie sie mit folgenden Worten: *»Bringe mit jedem Schluck Leidenschaft, Vertrauen und Liebe hervor.«*
4. Geben Sie Orangenscheiben, Zimtstangen, Muskatnuss, Sternanis, Nelken und das Süßungsmittel Ihrer Wahl hinzu und lassen Sie das Ganze 15 Minuten köcheln.
5. Dann nehmen Sie den Topf vom Herd, lassen den Glühwein abkühlen, gießen ihn in die Tassen und trinken ihn gemeinsam mit Ihrem Partner.

Flechtzauber für mehr Harmonie

Haben Sie das Gefühl, dass es in Ihrer Beziehung an Gleichgewicht und Harmonie fehlt? Dass zwischen Ihnen und Ihrem Partner irgendetwas nicht stimmt? Dieser Zauber arbeitet mit Flechtmagie, um Gleichgewicht, Harmonie und Liebe anzuziehen und ineinanderzuweben.

ZEITPUNKT:
An einem Montag oder Freitag, bei Neumond oder abnehmendem Mond

DAUER:
30 Minuten

ORT:
Altar

ZUTATEN/WERKZEUG:
3 Bergkristalle
3 graue oder weiße Teelichter
Feuerzeug oder Streichhölzer
3 Stücke Schnur oder Garn in verschiedenen Farben, je 30 cm lang
Perlen in roten und rosa Farbtönen oder in den Lieblingsfarben von Ihnen und Ihrem Partner

1. Reinigen Sie Ihren Altar.
2. Platzieren Sie die Bergkristalle und Teelichter so auf dem Altar, dass sie zusammen ein Dreieck bilden.
3. Zünden Sie die Teelichter an und konzentrieren Sie sich auf Ihre Absichten.
4. Nehmen Sie die Kristalle aus dem Dreieck heraus und halten Sie sie in den Händen. Üben Sie zu visualisieren, bis Sie die Energie sehen können, die von Ihnen und den Kristallen ausgeht. Nutzen Sie die Energie der Kristalle als Unterstützung bei diesem Zauber.
5. Binden Sie die drei Schnüre an einem Ende mit einem Überhandknoten aneinander.
6. Flechten Sie die Schnüre zusammen. Denken Sie dabei daran, Harmonie in Ihre Beziehung hineinzuweben.
7. Fügen Sie ungefähr alle zweieinhalb Zentimeter Perlen in die einzelnen Stränge ein und verbinden Sie auf diese Weise Liebe, Gleichgewicht und Harmonie miteinander. Sagen Sie dabei:

»Schnur der Harmonie, verflechte dich;
Perlen des Gleichgewichts, verwebt euch miteinander;
Zopf der Liebe, binde und verbinde uns.«

8. Knoten Sie die beiden Enden des Zopfes aneinander.
9. Tragen Sie den Zopf als Armband oder hängen Sie ihn in einem Bereich Ihrer Wohnung auf, den Sie gemeinsam nutzen.

Sieben-Tage-Kerzenzauber für mehr Liebe

Brauchen Sie einen besonders starken Liebes- oder Anziehungszauber? Für diesen Zauber müssen Sie sich sieben Tage lang jeden Tag 15 Minuten lang auf die Liebe konzentrieren. Dadurch verstärkt sich die Energie jeden Tag ein bisschen mehr, sodass ein starker Liebeszauber entsteht.

ZEITPUNKT:
An abnehmendem Mond oder Neumond

DAUER:
7 Tage lang, 15 Minuten pro Tag

ORT:
Altar

ZUTATEN/WERKZEUG:
rote oder weiße Stumpenkerze
Athame oder Messer zum Schnitzen (optional)
Bindungsrune für Liebende (Seite 70; optional)
2 EL Trägeröl, z. B. Oliven- oder Sonnenblumenöl
2 Tropfen ätherisches Geranienöl
2 Tropfen ätherisches Muskatellersalbeiöl
2 Tropfen ätherisches Süßorangenöl
kleine bernsteinfarbene Flasche zur Aufbewahrung der Ölmischung
Teller
Mörser und Stößel oder Gewürzmühle (sofern Sie keine pulverisierten Kräuter verwenden)
1 EL getr. Zitronenmelisse oder Zitronenverbene
Feuerzeug oder Streichhölzer

1. Reinigen Sie Ihren Altar.
2. Reinigen Sie die Kerze. Um den Zauber zu verstärken, ritzen Sie mit einem Athame oder Messer Ihre Bindungsrune für Liebende (Seite 70) oder die Initialen Ihres Partners in die Kerze ein.

3. Vermischen Sie das Trägeröl in der Flasche mit dem Geranien-, Muskatellersalbei- und Süßorangenöl. Konzentrieren Sie sich dabei darauf, die Energie für den Zauber zu verstärken.
4. Stellen Sie die Kerze auf den Teller und salben Sie sie mit der Ölmischung. Reiben Sie das Öl dazu mit den Händen von oben bis unten in die ganze Kerze ein. Konzentrieren Sie Ihre Energie darauf, Liebe in Ihr Leben hineinzuziehen.
5. Falls erforderlich, zermahlen Sie getrocknete Zitronenmelisse oder Zitronenverbene mit Mörser und Stößel oder in einer Gewürzmühle. Bestreuen Sie Ihre Kerze mit diesem Pulver. Wenn Sie möchten, können Sie etwas von dem Gewürzpulver aufbewahren, um es während des Zaubers auszustreuen.
6. Zünden Sie die Kerze an, schließen Sie die Augen, meditieren Sie 15 Minuten lang und konzentrieren Sie sich auf Ihre Absichten. Sagen Sie dabei:
   »Wachs der Liebe und Hingabe, gib mir deine Kraft;
   Feuer der Leidenschaft, schenke mir deine Macht;
   Kräuter der Gefühle, verleiht diesem Zauber eure Stärke;
   Rauch der Anziehung, gewähre mir deine Energie.«
7. Wiederholen Sie diesen Zauber sieben Tage lang täglich.

Zauber zur Abwehr unerwünschter Zuneigung

Haben Sie unerwünschte Aufmerksamkeit auf sich gezogen? Haben Sie Verehrer, denen Sie am liebsten gar nicht auffallen würden? Dann versuchen Sie, mit dieser Kombination aus Schutz- und Unsichtbarkeitszauber Ihre Energie zu verbergen und unerwünschtes Interesse von sich abzulenken. Tragen Sie diesen Talisman in Gegenwart eines unwillkommenen Verehrers stets bei sich.

ZEITPUNKT:
An einem Samstag oder bei dunklem Mond

DAUER:
20 Minuten

ORT:
Altar

ZUTATEN/WERKZEUG:
275 g Meersalz oder schwarzes Salz
5 Tropfen ätherisches Zitronengrasöl
graue Votivkerze oder graues Teelicht
kleiner Spiegel
Feuerzeug oder Streichhölzer
1 TL schwarzer Pfeffer
Rauchquarz

1. Reinigen Sie Ihren Altar.
2. Streuen Sie mit dem Salz ein kleines schützendes Kreissymbol auf Ihren Altar und konzentrieren Sie sich dabei auf schützende Energien.
3. Träufeln Sie 5 Tropfen Zitronengrasöl auf die Kerze. Achten Sie darauf, dass dabei kein Öl auf den Docht tropft.
4. Drehen Sie den Spiegel von sich weg, um unerwünschte Energie abzuwehren. Halten Sie ihn auch während des ganzen Zaubers von sich weg gerichtet.
5. Dann zünden Sie die Kerze an, streuen den schwarzen Pfeffer auf die Kerzenflamme und sagen dabei:
   »Brennende Flamme, schirme mich vor Zuneigung ab;
   schwarzer Pfeffer, schütze mich vor Aufmerksamkeit.«
6. Nehmen Sie Ihren Rauchquarz in die Hände und sagen Sie:
   »Leuchtender Quarz, gewähre mir deinen Schutz.«

7. Schließen Sie die Augen und ziehen Sie Ihre Energie in den Rauchquarz hinein. Dabei sollte er sich allmählich immer heißer anfühlen.
8. Räumen Sie Ihren Altar wieder leer und entsorgen Sie die Kerze. Ihr Rauchquarz ist nun aufgeladen. Tragen Sie ihn immer bei sich, um sich vor unerwünschter Aufmerksamkeit zu schützen.
9. Laden Sie den Rauchquarz alle paar Monate neu auf.

Liebes-Kristallgitter

Kristallgitter bestehen aus mit Energie aufgeladenen Kristallen, die Sie in einem geometrischen Muster anordnen, um Ihre Kraft zu verstärken. Das Liebesgitter in diesem Zauber besteht aus Bergkristallen; aber Sie können auch jeden anderen Kristall dafür verwenden, dessen Eigenschaften mit Liebe assoziiert werden, wie beispielsweise Rosenquarz, rosa Turmalin, Mondstein oder Aventurin.

ZEITPUNKT:
An einem Freitag oder bei Vollmond

ORT:
Altar oder bei Mondschein im Freien

DAUER:
30 Minuten

ZUTATEN/WERKZEUG:
Stift und Papier
4–8 Bergkristalle
Zauberstab oder Athame

1. Reinigen Sie Ihren Altar oder Arbeitsplatz im Freien.
2. Zeichnen Sie eine Gitterform vor, die sich für Sie richtig anfühlt. Für ein Liebes-Kristallgitter verwenden Sie am besten zwei sich überschneidende Symbole, die Sie und einen potenziellen Partner repräsentieren. Aber legen Sie die Kristalle vorläufig noch nicht in dieses Gitter hinein – das tun Sie erst in Schritt 4.
3. Halten Sie die Kristalle in den Händen und visualisieren Sie, wie Ihre Energie und Ihre Absichten in sie hineinfließen. Sprechen Sie eine Affirmation Ihrer Wahl vor sich hin, zum Beispiel:
   »Ich lade diese Kristalle mit Energie auf, um einen Liebespartner anzuziehen.«
4. Dann legen Sie die Kristalle in dem Gittermuster aus, das Sie in Schritt 2 entworfen haben. Beginnen Sie mit einem Kristall in der Mitte und arbeiten Sie sich dann nach außen vor.
5. Aktivieren Sie das Gitter mit Ihrem Zauberstab oder Athame. Konzentrieren Sie Ihre Energie darauf, die Kristalle miteinander zu verbinden, und sagen Sie dabei:

»Ich verbinde dieses Gitter, um eine wahre Liebesbeziehung in mein Leben hineinzuziehen.«

6. Dann lehnen Sie sich zurück, schließen die Augen und meditieren 10 Minuten lang über Ihre Absichten.
7. Lassen Sie Ihr Gitter so lange an seinem Platz liegen, wie es aktiv bleiben soll. Verbinden Sie die einzelnen Kristalle alle paar Tage erneut miteinander und sprechen Sie Ihre Absichten dabei laut aus.

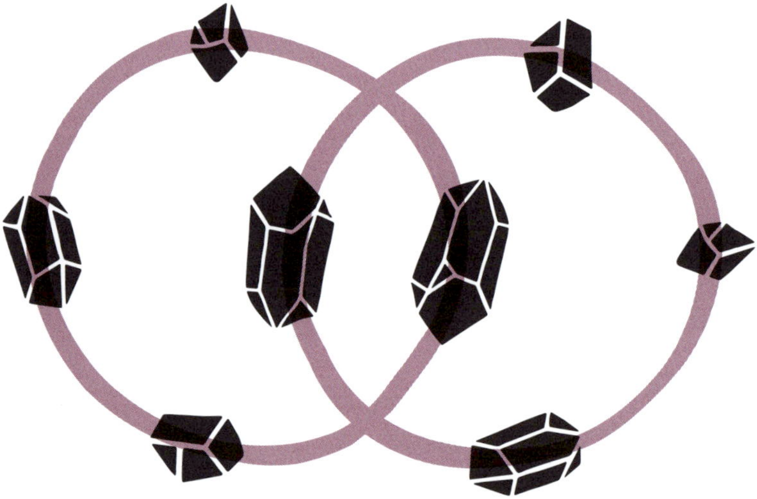

Zauberflasche, um romantische Liebe in Ihr Leben einzuladen

Zauberflaschen eignen sich hervorragend als Langzeitzauber, um Energien anzuziehen oder abzuwehren. Diese Zauberflasche soll mehr Romantik in Ihr Leben holen. Sie können einige oder alle für diesen Zauber benötigte Kristalle durch Bergkristalle ersetzen.

ZEITPUNKT:
An einem Freitag oder bei Neumond

DAUER:
30 Minuten, plus 3 bis 4 Stunden Brennzeit

ORT:
Altar

ZUTATEN/WERKZEUGE:
Stift und Blatt Papier
kleines bis mittelgroßes Glas mit Deckel
1 EL getr. Rosenblütenblätter
1 EL getr. Orangenschale
1 EL getr. Basilikum
1 Smaragd
1 Granat
1 Rosenquarz
Foto der Person, für die Sie sich interessieren (optional)
10 cm lange, dünne Kerze oder Mini-Kerze (rot oder rosa)
Feuerzeug oder Streichhölzer

1. Reinigen Sie Ihren Altar.
2. Nehmen Sie sich 5 bis 10 Minuten Zeit, um eine schriftliche Beschreibung Ihres idealen Partners anzufertigen oder einen Liebesbrief an sich selbst zu schreiben.
3. Dann legen Sie das Blatt Papier in das Glas und konzentrieren sich auf Ihre Absicht, romantische Liebe in Ihr Leben einzuladen.
4. Fügen Sie zuerst die Rosenblütenblätter, Orangenschale und Basilikum und dann den Smaragd, Granat und Rosenquarz hinzu (wahlweise zusammen mit einem Foto der Person, für die Sie sich interessieren). Verschließen Sie das Gefäß mit dem Deckel.

5. Zünden Sie die Kerze an und halten Sie diese so lange waagerecht, bis genügend Wachs auf den Deckel des Glases getropft ist, um die Kerze daran zu befestigen. Dann stecken Sie die noch brennende Kerze in das Wachs auf dem Deckel und drücken sie fest. Lassen Sie das Wachs außen herum antrocknen, sodass die Kerze von allein stehen kann.
6. Während die Kerze brennt, versuchen Sie aus ihrer Flamme zu lesen (siehe Seite 53) und meditieren dabei über Ihre Absichten. Es kann sein, dass Sie jetzt Formen, Gestalten, Botschaften oder Bilder empfangen.
7. Lassen Sie die Kerze herunterbrennen und versiegeln Sie so Ihre Absichten in der Zauberflasche.

Beziehungspuppen

Puppen sind Zauber, bei denen Sie kreativ werden können; außerdem macht das Basteln der Puppen Spaß. Für diesen Zauber müssen Sie zwei Puppen anfertigen, die Sie und Ihren idealen Partner repräsentieren. Stellen oder legen Sie diese Puppen auf Ihren Altar oder binden Sie sie aneinander und bewahren Sie sie in einer Schachtel auf.

ZEITPUNKT:
An einem Freitag oder bei Neumond

DAUER:
30 Minuten

ORT:
Altar

ZUTATEN/WERKZEUGE:
4 quadratische rote Stoffstücke (oder eine andere Farbe, die Sie repräsentiert), 2 pro Puppe
Nähnadel
rotes Garn
Polyester-Füllwatte oder Wattebäusche zum Füllen der Puppen
Bleistift
Schere
1 TL getr. Hibiskusblüten
1 TL getr. Rosenblütenblätter
1 TL getr. Jasminblüten
1 TL getr. Weidenrinde

1. Reinigen Sie Ihren Altar.
2. Reinigen Sie Stoff, Nadel, Garn und Füllung.
3. Skizzieren Sie die Umrisse der Vorder- und Rückseite der ersten Puppe auf zwei Stoffstücke und schneiden Sie die Formen mit der Schere aus.
4. Legen Sie die beiden Stoffstücke so aufeinander, dass die linken Seiten nach außen zeigen. Dann nähen Sie die Stoffstücke zu einer Puppe zusammen. Lassen Sie ein paar Zentimeter offen und drehen Sie den Stoff auf links, damit man die Naht nicht sieht.
5. Wiederholen Sie die Schritte 3 und 4, um eine zweite Puppe zu nähen, die Ihren Partner darstellt. Wenn Sie möchten, können Sie eine größere und eine kleinere Puppe anfertigen, um eine männliche und eine weibliche Figur darzustellen.

6. Füllen Sie beide Puppen mit der Watte und mit Hibiskusblüten, Rosenblütenblättern, Jasminblüten und Weidenrinde. Laden Sie dabei jede Zutat mit Energie auf.
7. Nähen Sie die Öffnungen der beiden Puppen zu und lassen Sie Ihre Absicht in die fertigen Puppen hineinfließen.

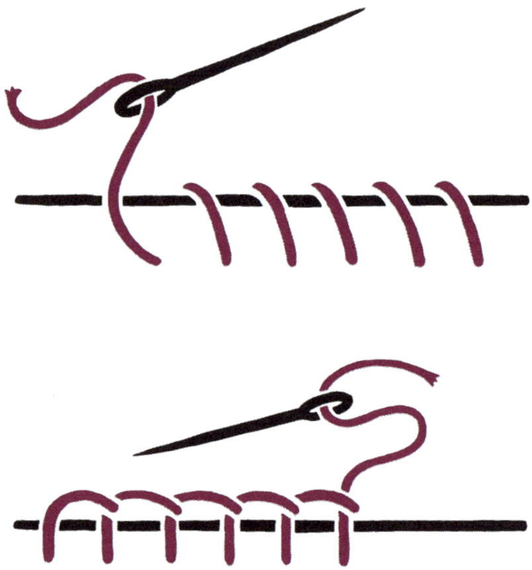

Wahrsagen für die Liebe

Durch diesen Zauber können Sie mit Ihrem Unterbewusstsein in Kontakt treten und Bilder von potenziellen Partnern, Beziehungen oder wichtigen Botschaften vor Ihrem inneren Auge sehen. Eine violette Kerze kann Ihre übersinnlichen Fähigkeiten und Ihre Hellsichtigkeit stärken; eine rote Kerze hilft bei der Manifestation von Liebe.

ZEITPUNKT:
Bei dunklem Mond oder Neumond

DAUER:
20 Minuten

ORT:
Altar

ZUTATEN/WERKZEUGE:
violette Kerze
rote Kerze
Feuerzeug oder Streichhölzer
dunkle Schale
240 ml bei Vollmond aufgeladenes Wasser (siehe Seite 53)
Stift und Blatt Papier
Zauberstab oder Athame

1. Reinigen Sie Ihren Altar.
2. Zünden Sie die beiden Kerzen an und konzentrieren Sie sich auf Ihre Absicht, in die Zukunft Ihres Liebeslebens hineinzuschauen.
3. Warten Sie geduldig, bis Sie einen zentrierten, tranceähnlichen Zustand erreicht haben.
4. Öffnen Sie die Augen, schauen Sie in die Schale mit dem aufgeladenen Wasser und lassen Sie alle Botschaften oder Bilder in Ihren Geist hinein. Konzentrieren Sie sich dabei weiterhin auf Ihre Absicht.
5. Achten Sie auf Farben und Formen oder hören Sie auf Botschaften, die dabei in Ihnen aufsteigen. Schreiben Sie das, was Sie sehen, auf.
6. Schlagen Sie mit Ihrem Zauberstab oder Athame leicht ins Wasser, um Wellen zu erzeugen, aus denen Formen und Figuren entstehen können. Das regt Ihren Geist zu Bildern oder Visionen an.
7. Nehmen Sie sich Zeit, um diese Bilder zu sehen – je länger und je öfter Sie sich darin üben, umso besser werden Sie sie erkennen.

Spiegelzauber gegen Eifersucht

Eifersucht kann eine zerstörerische Emotion sein. Ein Spiegel ist das beste Hilfsmittel, um Eifersucht zumindest kurzfristig von sich abzulenken. Bei diesem Zauber werden Sie mithilfe eines Spiegels und einer Puppe negative Gefühle anderer Menschen abwehren.

ZEITPUNKT:
Bei dunklem Mond

DAUER:
30 Minuten

ORT:
Altar

ZUTATEN/WERKZEUGE:
2 quadratische Stoffstücke in einer Farbe, die für Sie selbst steht
Nähnadel
Garn in einer Farbe, die für Sie selbst steht
Spiegel
kleines Foto von Ihnen
kleine Schachtel zur Aufbewahrung von Spiegel und Foto
Bleistift
Schere
Polyester-Füllwatte oder Wattebäusche zum Füllen der Puppe
1 TL Meersalz oder schwarzes Salz
1 TL schwarzer Pfeffer
1 TL getr. Ingwer
1 Lorbeerblatt

1. Reinigen Sie Ihren Altar.
2. Reinigen Sie Stoff, Nadel, Garn, Spiegel, Foto und Schachtel.
3. Skizzieren Sie die Umrisse der Vorder- und Rückseite Ihrer Puppe auf die beiden Stoffstücke und schneiden Sie die Formen mit der Schere aus.
4. Legen Sie die beiden Stoffstücke so aufeinander, dass die linken Seiten nach außen zeigen. Dann nähen Sie die Stoffstücke zu einer Puppe zusammen. Lassen Sie ein paar Zentimeter offen und drehen Sie die Puppe auf links, damit man die Naht nicht sieht.
5. Füllen Sie die Puppe mit der Watte und mit Salz, schwarzem Pfeffer, Ingwer, dem Lorbeerblatt und dem Foto.
6. Nähen Sie die Öffnung zu und lassen Sie Ihre Absicht in die fertige Puppe hineinfließen.

7. Legen Sie die Puppe und den Spiegel in Ihre Schachtel und sagen Sie:
»Mit diesem Spiegel
lenke ich unerwünschte Eifersucht von mir ab.
Diese Puppe zieht unerwünschte Gefühle an, die mir schaden,
und absorbiert sie.«
8. Lassen Sie die Puppe und den Spiegel in der Schachtel verborgen liegen, aber bewahren Sie die Schachtel in Ihrer Nähe auf.

KAPITEL 4

FINANZIELLE ANGELEGENHEITEN & WOHLSTAND

Geld- und Wohlstandszauber gehören heutzutage zu den beliebtesten Zaubern. Die Zauber in diesem Kapitel werden Sie nicht über Nacht reich machen; aber sie werden Ihnen helfen, Ihre Einstellung zum Geld zu ändern, Ihre Hindernisse im Hinblick auf Finanzen zu überwinden und Wohlstand und Reichtum in Ihr Leben einzuladen.

Geldpulver

Mit diesem Pulver kann man finanzielle Situationen aller Art verbessern. Verstreuen Sie es um sich herum, um mehr Geld anzuziehen, Arbeit zu finden oder beim Glücksspiel Erfolg zu haben. Sie können das Geldpulver auch auf einer Holzkohletablette in einer hitzefesten Schale verbrennen, um andere Geld- und Wohlstandszauber zu verstärken.

ZEITPUNKT:
An einem Donnerstag oder bei zunehmendem Mond

DAUER:
15 Minuten

ORT:
Altar oder Küche

ZUTATEN/WERKZEUGE:
1 EL getr. Kamille
1 EL Zimt
1 EL Gewürznelken
1 EL getr. Petersilie
Mörser und Stößel oder Gewürzmühle
Trichter
Glasfläschchen oder -döschen mit Deckel

1. Reinigen Sie Ihren Altar oder Ihre Arbeitsfläche in der Küche.
2. Zerkleinern Sie Kamille, Zimt, Nelken und Petersilie mit einem Mörser und einem Stößel in der Absicht, Geld in Ihr Leben hineinzuziehen.
3. Während Sie die Kräutermischung zu einem Pulver zermahlen, sagen Sie viermal hintereinander:
   »Der Reichtum wächst, das Geld sprießt.«
4. Füllen Sie die pulverisierten Kräuter mit dem Trichter in ein Glasfläschchen.
5. Ihr Pulver ist jetzt mit Energie aufgeladen und einsatzbereit.

Reichtums-Sigille

Eine individuell für Sie angefertigte Geld-Sigille kann Wohlstand und Reichtum anziehen. Für diesen einfachen Zauber brauchen Sie nur Ihre Vorstellungskraft, Ihre Absicht und etwas zum Schreiben. Ein grüner Stift trägt dazu bei, die Energie des Zaubers zu verstärken.

ZEITPUNKT:
An einem Sonntag oder Donnerstag oder bei zunehmendem Mond oder Neumond

DAUER:
10 Minuten

ORT:
Altar

ZUTATEN/WERKZEUGE:
Stift mit grüner Tinte
2 Blatt Papier

1. Reinigen Sie Ihren Altar.
2. Schreiben Sie in grüner Farbe den Satz »Bringe mir Reichtum« auf das erste Blatt Papier. Konzentrieren Sie sich dabei auf Ihre Absichten.
3. Zerlegen Sie die Buchstaben dieses Satzes in seine Grundstriche (beispielsweise Kurven, Punkte, Querstriche und Linien). Zeichnen Sie diese Striche unter den Satz auf dasselbe Blatt.
4. Verbinden Sie die Striche auf diesem Blatt so miteinander, dass sie den Umriss einer Figur bilden. Das kann zum Beispiel ein Quadrat, Herz, Kreuz oder Dreieck sein. Legen Sie alle übrig gebliebenen Kreise, Bögen und Striche an den Umrisslinien Ihrer Figur entlang oder außen herum an. Diese Figur ist Ihre Geld-Sigille.
5. Übertragen Sie Ihre Reichtums-Sigille, die nun mit Ihren verschlüsselten Absichten aufgeladen ist, auf das zweite Blatt Papier. Tragen Sie dieses Papier immer bei sich.

Geldvermehrungs-Salböl

Möchten Sie Ihr Geld gern vermehren? Dann reiben Sie Ihre Haut mit dieser Ölmischung ein. Das hilft Ihnen, sich auf die Verbesserung Ihrer Finanzen zu konzentrieren. Aber denken Sie daran, das Öl zuerst an einer kleinen Stelle zu testen, wenn Sie eine empfindliche Haut haben. Sie können auch Ihre Kerzen oder Werkzeuge mit diesem Öl einsalben, um andere Geldzauber zu verstärken.

ZEITPUNKT:
An einem Donnerstag oder bei zunehmendem Mond

DAUER:
15 Minuten

ORT:
Altar

ZUTATEN/WERKZEUGE:
2 EL Trägeröl (z. B. Mandel- oder Jojobaöl)
kleine bernsteinfarbene Roller- oder Tropfflasche
2 Tropfen ätherisches Ingweröl
2 Tropfen ätherisches Sandelholzöl
1 Tropfen ätherisches Bergamottöl
1 Tropfen ätherisches Patschuliöl
1 Lorbeerblatt
1 EL Zimtspäne

1. Reinigen Sie Ihren Altar.
2. Füllen Sie das Trägeröl in die Flasche.
3. Geben Sie dann nacheinander das Ingwer-, Sandelholz-, Bergamott- und Patschuliöl dazu. Sagen Sie beim Hinzufügen jeder Zutat: *»Geld, wachse und vermehre dich.«*
4. Fügen Sie das Lorbeerblatt und die Zimtspäne hinzu.
5. Halten Sie die Flasche in den Händen und visualisieren Sie, wie sie von Energie eingehüllt wird. Laden Sie sie mit Ihren Absichten auf.
6. Schütteln Sie die Flasche vor jedem Gebrauch vorsichtig, damit sich die darin enthaltenen verschiedenen Elemente miteinander vermischen. Tragen Sie das Öl auf Ihre Haut, auf Talismane oder andere Objekte auf.

Geld-Wachstumszauber

Für diesen Zauber verwendet man das Geldvermehrungs-Salböl (Seite 94) und einen Topf mit Minze, die Sie in jedem Lebensmittelgeschäft, in dem es Kräuter gibt, kaufen können. Minze hat eine sehr anziehende Wirkung auf Geld und hat eine Vielzahl von Verwendungsmöglichkeiten. Daher ist sie für jede Hexe eine lohnende Investition.

ZEITPUNKT:
Bei Neumond

DAUER:
15 Minuten

ORT:
Altar oder Küche

ZUTATEN/WERKZEUGE:
Minzepflanze
4 Gegenstände, die die 4 Elemente repräsentieren (z. B. eine Schale mit Wasser, Erde, eine Kerze und ein Besen)
Münze oder Geld-Talisman
Geldvermehrungs-Salböl (Seite 94)

1. Reinigen Sie Ihren Altar oder Ihre Arbeitsfläche in der Küche.
2. Stellen Sie die Minzepflanze auf Ihren Altar und nehmen Sie sich Zeit, die Pflanze zu weihen. Zu diesem Zweck ziehen Sie sie durch Ihre vier Elemente oder bitten Sie die Elemente, bei ihrer Weihe mitzuhelfen. Bei beiden Methoden geht es um Ihren Wunsch, das Objekt zu reinigen, aufzuladen und zu segnen. Sie können dabei eine Zauberformel vor sich hin sprechen oder im Stillen über Ihre Ziele nachdenken.
3. Wenn Sie fertig sind, reiben Sie die Münze oder den Talisman mit dem Geldvermehrungs-Salböl ein, um sie sie oder ihn den späteren Gebrauch aufzuladen. Legen Sie sie oder ihn in die Nähe des unteren Teils der Pflanze.
4. Schließen Sie die Augen und meditieren Sie über Ihre Absicht, dass die Pflanze wachsen und Geld anziehen soll.
5. Sie können die geweihten Minzblätter nach und nach pflücken und als Talisman bei sich tragen oder sie für andere Geldzauber verwenden.

Knotenzauber für mehr Geld

Dieser Knotenzauber speichert und bindet in jedem Knoten, den Sie knüpfen, Ihre Absicht, Geld anzuziehen. Sie können dafür jede beliebige Kombination aus Geldkräutern (beispielsweise Basilikum, Lorbeerblatt, Kamille, Zimt, Nelke, Dill oder Ingwer) als Räucherwerk verwenden.

ZEITPUNKT:
An einem Donnerstag oder bei Vollmond oder zunehmendem Mond

DAUER:
30 Minuten

ORT:
Altar

ZUTATEN/WERKZEUGE:
Geldpulver (Seite 92) oder eine pulverisierte Mischung aus beliebigen Geldkräutern
Holzkohletablette
hitzefeste Schale
Feuerzeug oder Streichhölzer
3 grüne Teelichter
30 cm lange grüne, goldene oder weiße Schnur

1. Reinigen Sie Ihren Altar.
2. Verbrennen Sie das Geldpulver auf einer Holzkohletablette in einer hitzefesten Schale und ordnen Sie die Teelichter so an, dass sie ein Dreieck bilden.
3. Zünden Sie die Teelichter an und konzentrieren Sie sich auf Ihre Absicht, zu mehr Geld zu kommen.
4. Binden Sie fünf Knoten in Ihre Schnur und sagen Sie bei jedem Knoten eine Zeile des folgenden Spruchs auf:
   »Knoten eins – der Zauber hat begonnen,
   Knoten zwei – der Zauber wird wahr.
   Knoten drei – der Zauber hört mein Flehen,
   Knoten vier – der Zauber wächst weiter,
   Knoten fünf – der Zauber ist lebendig.«
5. Lassen Sie die Teelichter 15 Minuten lang weiterbrennen, während Sie meditieren und sich dabei vorstellen, was Sie manifestieren möchten.

Wohlstands-Talisman

Mit diesem Zauber können Sie ein Schmuckstück weihen und mit Ihrer Absicht aufladen, zu Wohlstand und Reichtum zu kommen. In dieser Beschreibung des Zaubers wird eine Halskette verwendet, Sie können die Kette jedoch durch ein beliebiges Schmuckstück oder durch einen Kristall, Stein oder Anhänger Ihrer Wahl ersetzen. Wenn Sie eine Halskette aus Kristall oder Holz verwenden, verstärkt dies den Zauber. Tragen Sie den Talisman unter Ihrer Kleidung, um ihn vor den Blicken anderer Menschen zu schützen.

ZEITPUNKT:
An einem Sonntag oder bei Neumond

DAUER:
15 Minuten

ORT:
Altar

ZUTATEN/WERKZEUGE:
Halskette
1 Prise getr. Minze
weiße oder grüne Votiv- oder Stumpenkerze
Feuerzeug oder Streichhölzer

1. Reinigen Sie Ihren Altar.
2. Reinigen Sie die Halskette.
3. Streuen Sie die getrocknete Minze auf das obere Ende der Kerze.
4. Zünden Sie die Kerze an und konzentrieren Sie sich darauf, ihre geldbringenden Eigenschaften zu visualisieren.
5. Ziehen Sie Ihre Halskette durch den Rauch und sagen Sie:
   »Liebe Halskette, ich lade dich mit Wohlstand auf.
   Ziehe Wohlstand und Reichtum an
   und leiste mir in Ehrlichkeit gute Dienste,
   während ich dich heimlich trage.«
6. Lassen Sie etwas von Ihrer Kraft in das Schmuckstück hineinfließen und laden Sie es für den Gebrauch auf.
7. Sie können den Zauber alle paar Monate mit derselben Kerze wiederholen.

Zauber zur Bannung von Not und Armut

Mit diesem Zauber können Sie sich aus einer Notsituation befreien: Er verbannt finanzielle Nöte, die Sie zuvor auf einem Blatt Papier beschreiben, mithilfe des Feuer-Elements. Sie können den Zauber draußen an einer Feuerstelle oder drinnen mithilfe einer feuerfesten Schale durchführen.

ZEITPUNKT:
Bei abnehmendem Mond

DAUER:
20 Minuten

ORT:
Altar oder Feuerstelle im Freien

ZUTATEN/WERKZEUGE:
Stift und Blatt Papier
Feuerzeug oder Streichhölzer
feuerfeste Schale, falls Sie den Zauber im Haus an Ihrem Altar wirken möchten
Feuerstelle im Freien, falls Sie ihn draußen wirken möchten

1. Reinigen Sie Ihren Altar oder den Bereich Ihrer Feuerstelle im Freien.
2. Meditieren Sie 10 Minuten lang über Ihre Absicht, finanzielle Not zu vertreiben.
3. Schreiben Sie so genau wie möglich auf das Papier, was Sie verbannen möchten.
4. Zünden Sie das Blatt Papier an und legen Sie es in Ihre feuerfeste Schale. Falls Sie den Zauber draußen durchführen, werfen Sie das Blatt ins Feuer.
5. Beobachten Sie, wie das Papier brennt, und visualisieren Sie, wie Ihre Not zusammen mit ihm in Flammen aufgeht.
6. Verstreuen Sie die Asche draußen auf dem Boden. Verabschieden Sie sich von der negativen Situation und richten Sie Ihre Gedanken auf die Zukunft.

Mondwasser-Zauber für mehr Einkommen

Steigern Sie Ihr Einkommen mit einem Mondwasser-Zauber. Der Vollmond ist eine starke Energiequelle, die diesem Wasser große Kraft verleiht. Der Citrin kann dem Zauber einen zusätzlichen Energieschub geben und die Ergebnisse verbessern.

ZEITPUNKT:
Bei Vollmond

DAUER:
15 Minuten

ORT:
Im Freien, vorzugsweise bei Mondlicht

ZUTATEN/WERKZEUGE:
3 Münzen
120 ml Wasser
kleine Schüssel
4 Citrine
Trichter
kleines verschließbares Glas

1. Reinigen Sie Ihren Altarbereich im Freien.
2. Reinigen Sie die Münzen, um sie von unerwünschten oder alten Energien zu befreien.
3. Gießen Sie das Wasser in die Schüssel. Ordnen Sie die Citrine in Rautenform um die Schüssel herum an.
4. Legen Sie die gereinigten Münzen in die Wasserschüssel und sagen Sie dabei in einer Art Sprechgesang vor sich hin:
   »Leuchtender Mond, verleihe diesem Zauber deine Energie;
   glitzernde Münzen, wachset und mehret euch;
   schimmerndes Wasser, lade dich mit der Kraft des Mondes auf.«
5. Warten Sie, bis die Kristalle und das Wasser sich mit Energie aufgeladen haben. Dann füllen Sie das Wasser mithilfe eines Trichters in das Glas.
6. Nun sind Ihre Citrine und das Mondwasser gebrauchsfertig. Aus den Citrinen können Sie einen Wohlstands-Talisman (Seite 97) anfertigen; Sie können sie aber auch für sich allein als Zauber verwenden. Das Mondwasser kann Ihnen bei Zaubern, die mit Pflanzen, Opfergaben oder Bädern zu tun haben, gute Dienste leisten.

Reis zur Manifestation von Reichtum

Wir alle brauchen manchmal ein bisschen mehr Reichtum in unserem Leben. Dieser Zauber, der aus der Volksmagie stammt, greift auf die Eigenschaften von Reis zurück, die mit Geld und Wohlstand verbunden sind.

ZEITPUNKT:
Bei Neumond oder zunehmendem Mond

DAUER:
15 Minuten, plus 12 Stunden zum Trocknen

ORT:
Küche

ZUTATEN/WERKZEUGE:
200 g ungekochter Jasminreis
2 mittelgroße Schüsseln
1 EL Mondwasser für mehr Einkommen (Seite 99)
1 TL grüne Lebensmittelfarbe
Papierhandtücher
¼ Tasse klein gerissene Geldscheine
1 EL Zimt
großes Glas mit Deckel

1. Reinigen Sie Ihre Küche.
2. Reinigen Sie den Reis.
3. Vermischen Sie in einer mittelgroßen Schüssel den Reis, das Mondwasser für mehr Einkommen und die grüne Lebensmittelfarbe gründlich miteinander und konzentrieren Sie sich dabei auf Ihre Absichten.
4. Gießen Sie die Mischung auf Papiertücher und lassen Sie sie ungefähr 12 Stunden lang trocknen.
5. Vermengen Sie in einer weiteren mittelgroßen Schüssel die getrocknete grüne Reismischung mit den klein gerissene Geldscheinen und dem Zimt. Gießen Sie die Mischung in ein großes Glas mit Deckel und verschließen Sie es.
6. Verstreuen Sie den Reis zur Manifestation von Reichtum um sich herum oder tragen Sie ihn als Glücksbringer bei sich.

Teezauber zur Manifestation von Luxus

In Zeiten knapper Finanzen kann das Aufbrühen einer Tasse Tee ein sehr hilfreiches Ritual sein. Mit diesem Minztee kann man Luxus herbeizaubern. Diesen einfachen und schnellen Zauber können Sie jederzeit praktizieren, wenn Sie Luxus in Ihrem Leben manifestieren möchten. Dazu brauchen Sie nur ein bisschen Minze und ein paar einfache Küchenutensilien.

ZEITPUNKT:
An einem Sonntag oder bei Neumond

DAUER:
15 Minuten

ORT:
Küche

ZUTATEN/WERKZEUGE:
240 ml Wasser
kleiner Topf
2 EL frische oder 1 EL getr. Minze
Mulltuch oder Teesieb
Tasse zum Trinken

1. Reinigen Sie Ihre Küche.
2. Lassen Sie das Wasser in einem kleinen Topf aufkochen und konzentrieren Sie sich dabei auf Ihre Absichten.
3. Nehmen Sie den Topf vom Herd.
4. Falls Sie frische Minze verwenden, nehmen Sie die Blätter in die Hand und zerdrücken diese leicht, damit der Duft austritt. Dann geben Sie die Minze in den Topf und lassen sie 10 Minuten ziehen. Meditieren Sie dabei über Ihre Absichten.
5. Gießen Sie den Tee durch das Sieb oder Tuch in eine Tasse. Bewegen Sie Ihre Hand dabei im Uhrzeigersinn und sagen Sie:
   »Ich habe dieses Gebräu gemischt, um zu bekommen, was ich brauche,
   und diese Tasse gefüllt, um mir zu verschaffen, was ich mir wünsche.«
6. Spüren Sie, wie die Energie in Ihren Tee hineinfließt. Trinken und genießen Sie ihn.

Milch-und-Honig-Baderitual für mehr Geld

Gesunde Finanzen beginnen mit der richtigen inneren Einstellung. Dieses rituelle Bad kann Sie von Ihren Geldsorgen und finanziellen Ängsten befreien und Platz für eine gesündere Energie schaffen. Führen Sie dieses Ritual vor jedem Geldzauber durch, um Ihre Absichten und Ihre Energie darauf einzustimmen.

ZEITPUNKT:
An einem Sonntag oder Donnerstag oder bei Neumond

DAUER:
45 Minuten

ORT:
Badezimmer

ZUTATEN/WERKZEUGE:
480 ml Vollmilch
170 g Honig
große Schüssel
weiße Stumpenkerze
Feuerzeug oder Streichhölzer

1. Reinigen Sie Ihr Badezimmer.
2. Füllen Sie Ihre Badewanne mit warmem oder heißem Wasser.
3. Während die Wanne vollläuft, verrühren Sie in einer großen Schüssel Milch und Honig miteinander und konzentrieren Sie sich dabei auf die Absicht, Ihre finanzielle Situation zu verbessern.
4. Zünden Sie die Kerze an und stellen Sie sie an einem sicheren Ort in der Nähe auf.
5. Gießen Sie die Milch-Honig-Mischung in die Badewanne.
6. Baden Sie 30 Minuten lang in dem Wasser. Konzentrieren Sie sich dabei darauf, Ihre Einstellung zum Thema Geld neu auszurichten. Legen Sie Ihre Ängste und Sorgen ab.
7. Nach 30 Minuten lassen Sie das Wasser ablaufen und blasen die Kerze aus.
8. Führen Sie dieses Ritual so oft wie nötig durch.

Apfel-Duftkugel-Zauber für Glück und Vermögen

Äpfel können Glück in Form von Eigentum, Vermögen, Ressourcen, Besitz und Wohlstand in Ihr Leben bringen. Dieser Duftkugel-Zauber hat eine starke magische Wirkung; allerdings dauert es ungefähr drei Wochen, bis diese sich entfaltet.

ZEITPUNKT:
Bei Neumond

DAUER:
20 Minuten am ersten Tag, danach 3 Wochen lang jeden Tag 5 Minuten

ORT:
Altar

ZUTATEN/WERKZEUGE:
grüne Kerze
Feuerzeug oder Streichhölzer
Holz- oder Metallspieß
grüner Apfel
20 ganze Gewürznelken
1 TL Zimt
1 TL Muskatnuss
1 TL Ingwer
1 TL Piment
1 TL Iriswurzel (optional)
kleine Schüssel

1. Reinigen Sie Ihren Altar.
2. Zünden Sie die Kerze an und konzentrieren Sie sich dabei auf Ihre Absichten.
3. Stechen Sie mit dem Spieß Löcher in den Apfel. Achten Sie darauf, dass die Löcher groß genug sind, um die Gewürznelken hineinzustecken.
4. Spicken Sie den Apfel mit den Nelken. Sagen Sie dabei laut vor sich hin, welches Glück und Vermögen Sie in Ihr Leben hineinholen möchten.
5. Vermischen Sie Zimt, Muskatnuss, Ingwer, Piment und Iriswurzel in der Schüssel miteinander und stellen Sie diese auf Ihren Altar.
6. Rollen Sie den mit Nelken gespickten Apfel drei Wochen lang jeden Tag 5 Minuten lang in der Schüssel mit den Gewürzen hin und her. Meditieren Sie dabei über Ihre Absichten. So kann der Apfel trocknen (statt zu schrumpfen) und nimmt die Energie Ihrer Absichten in sich auf.
7. Bewahren Sie die Apfel-Duftkugel auf Ihrem Altar auf.

Wasser zur Befreiung von Schulden

Schulden können eine große Last sein. Dieses Wasser reinigt Sie von finanziellen Belastungen, damit Sie in Ihrem Leben vorwärtskommen, statt immer nur Rückschritte zu machen. Sie können mit diesem Wasser Ihre Hände waschen oder unsichtbare Sigillen auf Ihre Fensterscheiben zeichnen.

ZEITPUNKT:
Bei dunklem Mond

DAUER:
20 Minuten

ORT:
Altar oder Küche

ZUTATEN/WERKZEUGE:
240 ml destilliertes Wasser oder abgekochtes Leitungswasser (auf Zimmertemperatur abgekühlt)
Trichter
große braune Glasflasche
6 Tropfen ätherisches Bergamottöl
3 Tropfen ätherisches Zedernöl
3 Tropfen ätherisches Patschuliöl

1. Reinigen Sie Ihren Altar oder Ihre Arbeitsfläche in der Küche.
2. Füllen Sie das Wasser in die Flasche und geben Sie das Bergamott-, Zedern- und Patschuliöl dazu. Schütteln Sie die Flasche, um alle Zutaten miteinander zu vermischen.
3. Lassen Sie während des Schüttelns die Absicht, Ihre Schulden wegzuwaschen, in die Mischung hineinfließen. Wenn es Ihnen hilft, halten Sie die Flasche in den Händen und stellen Sie sich vor, wie Ihre Energie die Flasche umhüllt und in die Flüssigkeit hineinfließt.
4. Waschen Sie Ihre Hände vor und nach dem Bezahlen von Darlehen und Rechnungen sowie vor und nach der Benutzung von Kredit- und EC-Karten mit diesem Wasser. Schütteln Sie die Flasche vor jedem Gebrauch kräftig.

Wohlstands-Wandbehang

Laden Sie mit einem Wohlstands-Wandbehang Reichtum zu sich nach Hause ein. Die dabei verwendete Knotenmagie dient zur Speicherung und Verstärkung Ihrer Absicht, Geld mithilfe des Elements Erde anzuziehen wie ein Magnet. Hängen Sie ihn in Ihrem Schlafzimmer oder Büro, dem Mittelpunkt Ihres Zuhauses oder an Ihrem Arbeitsplatz auf.

ZEITPUNKT:
An einem Sonntag oder Donnerstag, bei zunehmendem Mond oder Neumond

DAUER:
30 Minuten

ORT:
Altar

ZUTATEN/WERKZEUGE:
Rolle mit grünem oder goldenem Faden oder Garn
30 cm langer Zweig oder Stock (vom Boden aufgesammelt)
Perlen oder Metall-Anhänger (optional)
Schere
3–4 frische Basilikumzweige
3–4 frische Thymianzweige

1. Reinigen Sie Ihren Altar.
2. Reinigen Sie Faden, Zweig und Perlen.
3. Schneiden Sie den Faden in mindestens 30 ungefähr 45 bis 55 cm lange Stücke. Binden Sie diese Schnüre mit einfachen Ankerknoten an den Stock.
4. Sagen Sie beim Knüpfen jedes Knotens: *»Ich verbinde diese Schnüre miteinander, um mehr Wohlstand anzuziehen und in mein Haus zu bringen.«*
5. Vielleicht brauchen Sie noch mehr Schnüre, um den Stock von oben bis unten mit Knoten zu bedecken. Lassen Sie die beiden Enden des Stocks frei.

6. Schneiden Sie ein Stück Schnur ab, das anderthalbmal so lang ist wie Ihr Stock, und befestigen Sie es an seinen beiden Enden. An dieser Schnur können Sie Ihren Wandbehang aufhängen.
7. Binden Sie Basilikum, Thymian und (optional) die Perlen und Anhänger an die Schnüre Ihres Wandbehangs und konzentrieren Sie sich dabei auf Ihre Absichten.
8. Wiederholen Sie diesen Zauber alle paar Monate, um Ihren Wandbehang immer wieder neu aufzuladen.

Geldumschlag des Wachstums

Bei diesem Langzeit-Geldzauber opfert man der Erde eine Münze und pflegt sie, um im Gegenzug Reichtümer zu empfangen. Dieser Zauber erfordert Zeit und Engagement; doch dafür bringt er auch einen besonders reichen Lohn.

ZEITPUNKT:
An einem Donnerstag bei zunehmendem Mond oder Vollmond (oder um diese Mondphasen herum)

DAUER:
45 Minuten

ORT:
Altar und/oder im Freien

ZUTATEN/WERKZEUGE:
kleine Münze oder Geldschein
grünes oder weißes Teelicht oder Votivkerze
Feuerzeug oder Streichhölzer
Geldpulver (Seite 92) oder Geldvermehrungs-Salböl (Seite 94)
Samentütchen aus Papier oder beliebiger anderer biologisch abbaubarer Behälter (z. B. Eierkarton) und Samen

1. Reinigen Sie Ihren Altar oder Ihren Arbeitsbereich im Freien.
2. Reinigen Sie die Münze oder den Geldschein.
3. Zünden Sie die Kerze an. Konzentrieren Sie sich dabei auf Ihre Absichten und erzeugen Sie Energie, um die Münze oder den Schein mit einem Zauber zu belegen.
4. Reiben Sie die Münze oder den Geldschein mit dem Geldpulver oder Geldvermehrungs-Salböl ein.
5. Legen Sie die Münze oder den Schein in das Samentütchen. Falls Sie stattdessen einen Eierkarton oder einen anderen biologisch abbaubaren Behälter verwenden, schütten Sie die Samen dort hinein und legen Sie die verzauberte Münze oder den verzauberten Geldschein dazu. Wenn Sie die Magie verstärken möchten, können Sie die Samen vor dem Vergraben Ihres Geldumschlags keimen lassen.
6. Bevor Sie nach draußen gehen, löschen Sie die Kerze. Suchen Sie sich einen Platz im Freien, um Ihren Umschlag zu vergraben.

7. Reinigen Sie Ihren Arbeitsbereich im Freien. Meditieren Sie mindestens 10 Minuten lang über Ihre Absichten und nehmen Sie Kontakt mit der Erde auf.
8. Sobald Sie innerlich bereit dafür sind, graben Sie ein Loch, legen Ihre Opfergabe hinein und sagen dabei:
   »Ich opfere der Erde diese Münze und diese Samen im Austausch für größere Reichtümer.«
9. Pflegen Sie Ihre Opfergabe, damit sie wachsen und gedeihen kann.

Geld-Zauberflasche

Diese Zauberflasche eignet sich hervorragend dazu, mehr Geld in Ihr Leben einzuladen. Dabei handelt es sich um einen Langzeit-Zauber, mit dem Sie über längere Zeit Reichtum ansammeln können. Stellen Sie diese Flasche auf oder in die Nähe Ihres Altars oder Arbeitsplatzes, damit sie ihren Zauber entfalten kann.

ZEITPUNKT:
An einem Donnerstag oder bei Neumond

DAUER:
30 Minuten, plus 3 bis 4 Stunden Brennzeit

ORT:
Altar

ZUTATEN/WERKZEUGE:
Stift und Papier
kleines oder mittelgroßes Glas mit Deckel
1 EL Kamille
1 EL getr. Basilikum
1 EL gem. Ingwer
Citrin
Pyrit
Bergkristall
Geld oder Geld-Talismane (optional)
Feuerzeug oder Streichhölzer
10 cm lange, dünne Kerze in Grün, Gold oder Weiß

1. Reinigen Sie Ihren Altar.
2. Schreiben Sie einen Brief, in dem Sie erklären, warum Sie mehr Geld anziehen möchten.
3. Legen Sie den Brief in das Glas und konzentrieren Sie sich auf Ihre Absicht, mehr Geld anzuziehen.
4. Fügen Sie Kamille, Basilikum, Ingwer und die Kristalle hinzu. Wenn Sie möchten, können Sie auch noch Geld oder einen Geld-Talisman hineinlegen. Verschließen Sie das Glas.
5. Zünden Sie die Kerze an und halten Sie sie so lange waagerecht, bis genügend Wachs auf den Deckel des Glases getropft ist, um

die Kerze so daran zu befestigen, dass sie aufrecht steht. Dann stecken Sie die noch brennende Kerze in das Wachs auf dem Deckel und drücken sie fest. Lassen Sie das Wachs außen herum antrocknen, sodass die Kerze von allein stehen kann.

6. Während die Kerze brennt, versuchen Sie, aus ihrer Flamme zu lesen (siehe Seite 53) und meditieren dabei über Ihre Absichten. Es kann sein, dass jetzt Formen, Botschaften oder Bilder zu Ihnen durchkommen.
7. Lassen Sie die Kerze herunterbrennen und Ihre Absichten in der Zauberflasche versiegeln.

Kristallgitter zur Manifestation von Geld

Ein Geld-Kristallgitter verstärkt Ihre magischen Kräfte durch geladene Kristalle, die in einem geometrischen Muster angeordnet werden. Sie können alle Kristalle durch Bergkristalle ersetzen. Wenn Sie viele verschiedene Kristalle haben, fügen Sie Tigerauge und Pyrit in Ihr Gitter ein.

ZEITPUNKT:
An einem Donnerstag oder bei zunehmendem Mond

DAUER:
30 Minuten

ORT:
Altar

ZUTATEN/WERKZEUGE:
Stift und Papier
8 Kristalle der folgenden Sorten: Citrin, Karneol, Aventurin oder Bergkristall
Zauberstab oder Athame

1. Reinigen Sie Ihren Altar.
2. Zeichnen Sie eine Gitterform vor, die sich für Sie richtig anfühlt. Für die Manifestation von Geld wählen viele Menschen ein Gitter aus drei sich überschneidenden Kreisen. Legen Sie die Kristalle vorläufig noch nicht in dieses Gitter hinein – das tun Sie erst in Schritt 4.
3. Halten Sie die Kristalle in den Händen und visualisieren Sie, wie Ihre Energie und Ihre Absichten in sie hineinfließen. Sprechen Sie eine Affirmation Ihrer Wahl vor sich hin, zum Beispiel: *»Ich lade diese Kristalle mit Energie auf, um mehr Geld in mein Leben zu manifestieren.«*
4. Legen Sie die Kristalle in dem Gittermuster aus. Legen Sie die Kristalle dorthin, wo die Linien sich überschneiden.
5. Aktivieren Sie das Gitter mit dem Zauberstab oder Athame. Verbinden Sie die Kristalle miteinander und sagen Sie dabei: *»Ich verbinde dieses Gitter, um mehr Geld in mein Leben hineinzuziehen.«*
6. Dann lehnen Sie sich zurück, schließen die Augen und meditieren 10 Minuten lang über Ihre Absichten.
7. Lassen Sie das Gitter so lange aktiv, wie Sie möchten. Verbinden Sie die einzelnen Kristalle alle paar Tage erneut miteinander und sprechen Sie Ihre Absichten dabei laut aus.

Wohlstands spendende Haferseife

Eine mit Energie aufgeladene Wohlstandsseife eignet sich sehr gut für den täglichen Gebrauch in der Dusche oder im Bad, um Absichten zur Manifestation von Reichtum, Geld und Wohlstand auszusenden. Hafer ist eine sehr wirksame Zutat für Wohlstandszauber, und zudem ist diese Seife auch noch feuchtigkeitsspendend, chemikalienfrei und gut für Ihre Haut. Sie eignet sich auch sehr gut als verzaubertes Geschenk.

ZEITPUNKT:
Bei Neumond

DAUER:
30 bis 45 Minuten, plus 3 bis 4 Stunden zum Aushärten

ORT:
Küche

ZUTATEN/WERKZEUGE:
75 g Haferflocken
Mörser und Stößel oder Mühle
1 Pfund Glyzerin- oder Milchseifenbasis
scharfes Messer
großer hitzefester Messbecher
1 EL Honig
16 Tropfen ätherisches Lavendelöl
4 Tropfen ätherisches Bergamottöl
mittelgroße Schüssel
Holzlöffel
1 EL französische grüne Tonerde als natürliches Färbemittel (optional)
Seifenform aus Silikon

1. Reinigen Sie Ihre Arbeitsfläche in der Küche.
2. Zermahlen Sie die Haferflocken mit Mörser und Stößel zu einem feinen Pulver und konzentrieren Sie sich dabei auf Ihre Absichten.
3. Schneiden Sie die Seifenbasis Ihrer Wahl in große Stücke und geben Sie die Brocken in einen hitzefesten Messbecher.
4. Erhitzen Sie die Seifenbasis in 30-Sekunden-Intervallen in der Mikrowelle, bis sie ganz geschmolzen ist; aber bringen Sie sie nicht zum Kochen.
5. Verrühren Sie die pulverisierten Haferflocken, den Honig und die ätherischen Öle mit dem Holzlöffel in einer mittelgroßen Schüssel miteinander. Lassen Sie beim Rühren Ihre Energie in die Mischung hineinfließen und sagen Sie:

»Öle, Hafer und Honig,
vermischt euch und schafft Wohlstand.«

6. Fügen Sie die geschmolzene Seifenbasis hinzu. Wenn Sie möchten, können Sie auch noch grüne Tonerde als natürlichen Farbstoff dazugeben. Gestalten Sie Ihre Seife so individuell, wie Sie mögen, und geben Sie gerne noch ein paar Kräuter hinein. (Dadurch kann sich die Seife mit der Zeit gelb färben.)
7. Gießen Sie die Mischung in Ihre Seifenform und lassen Sie sie circa 3 bis 4 Stunden lang aushärten.
8. Entnehmen Sie die Seifen aus der Form.

Neun-Tage-Geldzauber mit Kerzen

Manchmal brauchen Geldzauber ein bisschen mehr Zeit, um ihre Magie zu entfalten. Dieser einfache Kerzenzauber wirkt über einen längeren Zeitraum. Widmen Sie ihm neun Tage lang jeden Tag 15 Minuten Zeit, damit seine Kraft langsam wachsen kann.

ZEITPUNKT:
Bei abnehmendem Mond oder Neumond

DAUER:
9 Tage lang, 15 Minuten pro Tag

ORT:
Altar

ZUTATEN/WERKZEUGE:
grüne Stumpenkerze
weiße Stumpenkerze
2 EL Trägeröl (z. B. Olivenöl)
6 Tropfen ätherisches Bergamottöl
1 EL getr. Basilikum oder getr. Minze
Feuerzeug oder Streichhölzer

1. Reinigen Sie Ihren Altar.
2. Reinigen Sie die Kerzen.
3. Vermischen Sie das Trägeröl mit dem Bergamottöl und konzentrieren Sie sich dabei auf Ihre Absicht, zu Reichtum zu kommen und nie wieder Mangel zu leiden.
4. Stellen Sie die Kerzen in einem Abstand von ungefähr 24 cm auf den Altar. Die weiße Kerze steht für Sie selbst; die grüne Kerze steht für das Geld, das Sie anziehen möchten.
5. Salben Sie Ihre grüne Geldkerze, indem Sie sie von Hand mit der Ölmischung einreiben, und zwar von oben nach unten, um die anziehende Energie zu verstärken. Achten Sie darauf, dass dabei kein Öl auf den Docht tropft.
6. Streuen Sie Basilikum oder Minze auf die grüne Geldkerze, um sie mit Kraft aufzuladen.
7. Zünden Sie beide Kerzen an und schließen Sie die Augen. Meditieren Sie 15 Minuten lang über Ihre Absichten und sagen Sie:

»Kerze des Kapitals, komm zu mir
und bringe mir eine Menge Geld;
wie ich will, so soll es sein.«

8. Tag eins ist nun abgeschlossen.
9. Wiederholen Sie diesen Zauber acht Tage lang. Schieben Sie die grüne Kerze an jedem der acht Tage knappe 3 cm näher an die weiße Kerze heran und bestreuen Sie sie mit Basilikum oder Minze. Nach neun Tagen stehen die beiden Kerzen nebeneinander.

KAPITEL 5

ARBEIT UND KARRIERE

Durch Zauber kann man auch Stress und Belastungen bei der Arbeit oder mit Kollegen lindern. Durch die Zauber in diesem Kapitel werden Sie zwar nicht über Nacht Ihren Traumjob finden; aber sie werden Ihnen helfen, Selbstvertrauen aufzubauen, nach Erfüllung zu suchen und Ihre Arbeitsmoral zu verbessern. Wenn Sie vorhaben, zu einem Vorstellungsgespräch zu gehen, ein Unternehmen zu gründen oder sich auf der Karriereleiter hochzuarbeiten, können Ihnen diese Zauber sicherlich helfen.

Zaubersäckchen für mehr Selbstvertrauen

Wenn Sie an sich selbst zweifeln, können Sie mithilfe dieses Zaubersäckchens mehr Selbstvertrauen anziehen. Alle hierfür verwendeten Kristalle und Kräuter besitzen Eigenschaften, die mit dem Aufbau von Selbstvertrauen assoziiert werden.

ZEITPUNKT:
An einem Dienstag, Donnerstag oder Sonntag bei zunehmendem Mond oder Neumond

DAUER:
20 Minuten

ORT:
Altar

ZUTATEN/WERKZEUGE:
1 EL getr. Thymian
1 EL getr. Schafgarbenblüten
Mörser und Stößel oder Gewürzmühle
20 × 20 cm großes Quadrat aus orangefarbenem Stoff
Hämatit
Granat
orangefarbene Schnur

1. Reinigen Sie Ihren Altar.
2. Zerstoßen Sie die Thymian- und Schafgarbenblüten leicht mit Mörser und Stößel, um ihre Aromen freizusetzen.
3. Geben Sie die zerkleinerte Mischung auf das orangefarbene Tuch und konzentrieren Sie sich dabei auf Ihre Absicht, Selbstvertrauen aufzubauen.
4. Laden Sie den Hämatit und den Granat mit Energie auf, legen Sie die beiden Steine zu der Kräutermischung auf das Tuch und sagen Sie:
   »Mit jedem Stein
   werde ich erfolgreicher und selbstbewusster.«
5. Heben Sie die Ecken des Tuchs an und binden Sie es mit der Schnur zusammen, um Ihre Absichten darin zu verschließen.
6. Ihr Säckchen ist nun mit Ihren Absichten aufgeladen. Tragen Sie es immer bei sich.

Versöhnungspulver

Entschärfen Sie einen Konflikt bei der Arbeit mit diesem Versöhnungspulver. Es enthält beruhigende Steine, Salz zum Verbannen von Negativität und Kräuter mit glücklich machenden, entspannenden Eigenschaften. Dieses Pulver können Sie in einem verschließbaren Glas bei sich tragen, rund um das Gebäude verstreuen, in dem der Konflikt stattfindet, oder auf einer Holzkohletablette in einer hitzefesten Schale auf Ihrem Altar verbrennen.

ZEITPUNKT:
An einem Freitag oder bei Neumond

DAUER:
15 Minuten

ORT:
Altar oder Küche

ZUTATEN/WERKZEUGE:
1 EL getr. Lavendel
1 EL getr. Johanniskraut
1 EL getr. Mädesüß
Mörser und Stößel oder Gewürzmühle
1 EL Meersalz oder schwarzes Salz
Trichter
Glas mit Deckel

1. Reinigen Sie Ihren Altar oder Ihre Arbeitsfläche in der Küche.
2. Zermahlen Sie Lavendel, Johanniskraut und Mädesüß mit Mörser und Stößel oder in der Gewürzmühle zu einem Pulver und konzentrieren Sie sich dabei auf Ihre Absichten.
3. Sagen Sie dabei dreimal in einer Art Sprechgesang vor sich hin: *»Entschärfen, beruhigen, besänftigen und lösen.«*
4. Streuen Sie das Salz in die Kräutermischung und vermischen Sie alle Zutaten miteinander.
5. Füllen Sie das Pulver durch den Trichter in das Glas.
6. Ihr Pulver ist nun aufgeladen und gebrauchsfertig.

Erfüllungszauber

Sind Sie auf der Suche nach Erfüllung? Dann ist dieser Zauber eine wunderbare Methode, um mit Ihrem Unterbewusstsein in Kontakt zu treten und Bilder zu sehen oder Botschaften zu empfangen. Dazu brauchen Sie bei Vollmond aufgeladenes Wasser, eine Kerze zur Stärkung Ihrer übersinnlichen Fähigkeiten und eine weitere Kerze zum Finden von Erfüllung.

ZEITPUNKT:
Bei dunklem Mond oder Neumond

DAUER:
25 Minuten

ORT:
Altar

ZUTATEN/WERKZEUGE:
dunkle Schale mit bei Vollmond aufgeladenem Wasser (siehe Seite 53)
violette Kerze
gelbe Votiv- oder Stumpenkerze
Feuerzeug oder Streichhölzer
Stift und Papier
Zauberstab oder Athame

1. Reinigen Sie Ihren Altar.
2. Stellen Sie die Schale mit dem Wasser in die Mitte des Altars. Platzieren Sie eine Kerze links von der Schale und die andere rechts davon.
3. Zünden Sie die Kerzen an und konzentrieren Sie sich auf Ihre Absicht, nach Erfüllung zu suchen.
4. Meditieren Sie 10 Minuten lang, bis Sie einen zentrierten, tranceähnlichen Zustand erreicht haben.
5. Schlagen Sie die Augen auf und schauen Sie in die Schale mit dem Wasser, bis Bilder vor Ihrem inneren Auge aufsteigen. Sagen Sie:
   »Offenbare mir das Unsichtbare
   und die Möglichkeiten, die vor mir liegen.«
6. Achten Sie auf Farben, Formen oder Botschaften, die zu Ihnen durchkommen, und machen Sie sich Notizen dazu.
7. Schlagen Sie mit Ihrem Zauberstab oder Athame leicht ins Wasser, um Wellen zu erzeugen, aus denen Formen und Figuren entstehen können. Das regt Ihren Geist zu Bildern oder Visionen an. Nehmen Sie sich Zeit, um diese Bilder zu sehen – je länger und je öfter Sie sich darin üben, umso besser werden Sie sie erkennen.

Kündigungs-Zauberöl

Gibt es ein Projekt, das Sie aufgeben möchten, oder einen Job, von dem Sie sich verabschieden müssen? Dieser Zauber gibt Ihnen den nötigen Energieschub für solche Entscheidungen, die einem schon ein bisschen Angst einjagen können. Dabei werden Sie eine Öl-Kräuter-Mischung herstellen und mit Ihrer Absicht füllen.

ZEITPUNKT:
An einem Dienstag, Mittwoch oder Donnerstag

DAUER:
15 Minuten

ORT:
Altar

ZUTATEN/WERKZEUGE:
2 EL Trägeröl (z. B. Mandel- oder Olivenöl)
kleine bernsteinfarbene Roller- oder Tropfflasche
2 Tropfen ätherisches Rosmarinöl
2 Tropfen ätherisches Kardamomöl
1 Tropfen ätherisches Silbertannenöl
1 Tropfen ätherisches Fichtenöl
1 TL getr. Thymian
1 TL getr. Schafgarbenblüten

1. Reinigen Sie Ihren Altar.
2. Füllen Sie das Trägeröl in die Flasche.
3. Geben Sie dann nacheinander das Rosmarin-, Kardamom-, Silbertannen- und Fichtenöl dazu und sagen Sie:
   »Nervenbündel, beruhige dich
   Und lasse mich diese wichtige Entscheidung treffen.«
4. Fügen Sie den Thymian und die Schafgarbenblüten hinzu.
5. Halten Sie das Fläschchen in den Händen und visualisieren Sie, wie es von Energie eingehüllt wird. Laden Sie es mit Ihren Absichten auf.
6. Schütteln Sie es vor jedem Gebrauch. Tragen Sie das Öl auf Ihre Pulspunkte oder Ihre Haut auf oder verwenden Sie es zum Salben von Gegenständen.

Beförderungs-Traumzauber

Bleiben Sie nicht ewig in ein und demselben Job, ohne jemals befördert zu werden. Bei diesem Traumzauber werden Sie ein Zaubersäckchen herstellen, das Sie unter Ihr Kopfkissen legen können, um Ihre Karriere quasi im Schlaf voranzutreiben. Wenn Sie noch nicht viel Erfahrung im Nähen haben, empfehle ich Ihnen, dafür steifen Filz zu verwenden und nicht mit einer normalen Nähnadel und normalem Garn, sondern mit Sticknadel und Stickgarn zu nähen.

ZEITPUNKT:
An einem Donnerstag oder Sonntag oder bei Neu- oder Vollmond

DAUER:
15 Minuten

ORT:
Altar

ZUTATEN/WERKZEUGE:
Stift und Papier
2 quadratische Stoffstücke, je 13 × 13 cm groß
Nähnadel
Garn
Polyester-Füllwatte oder Wattebäusche zum Füllen
1 EL getr. Lavendel
1 EL getr. Rosmarin

1. Reinigen Sie Ihren Altar.
2. Beschreiben Sie auf einem Blatt Papier, was für Arbeitsbedingungen Sie sich wünschen.
3. Legen Sie die beiden Stoffstücke so aufeinander, dass die linken Seiten nach außen zeigen.
4. Nähen Sie die Stücke zu einem Säckchen zusammen. Lassen Sie ein paar Zentimeter offen, damit Sie das Säckchen auf links drehen können, sodass man die Nähte nicht sieht.
5. Stecken Sie Ihren Wunschzettel, Watte, Lavendel und Rosmarin in das Säckchen und konzentrieren Sie sich dabei auf Ihre Absichten.
6. Nähen Sie die letzten Zentimeter zu und verschließen Sie Ihre Absichten auf diese Weise in dem Säckchen.
7. Legen Sie das Säckchen nachts unter Ihr Kopfkissen und fragen Sie es vor dem Schlafengehen: »Was kann ich tun, um befördert zu werden?« Die Antwort wird sich in Ihren Träumen offenbaren.

Friedenszauber am Arbeitsplatz

Geht Ihnen die Büropolitik an Ihrem Arbeitsplatz auf die Nerven? Dieser einfache Zauber verleiht Ihrer Absicht, Frieden am Arbeitsplatz zu schaffen, die nötige Energie. Dazu brauchen Sie nur einen Granat, Gardenienöl und eine graue Kerze. Der Zauber funktioniert am besten, wenn Sie den verzauberten Kristall an Ihrem Arbeitsplatz stets bei sich tragen.

ZEITPUNKT:
An einem Sonntag oder bei Neumond

DAUER:
15 Minuten

ORT:
Altar

ZUTATEN/WERKZEUGE:
3 Tropfen ätherisches Gardenienöl
graue Votivkerze oder graues Teelicht
Feuerzeug oder Streichhölzer
Granat

1. Reinigen Sie Ihren Altar.
2. Gießen Sie das Gardenienöl auf das obere Ende der Kerze, um ihr eine friedliche Energie zu verleihen. Achten Sie darauf, dass dabei kein Öl auf den Docht tropft.
3. Zünden Sie die Kerze an und ziehen Sie den Granat durch den Rauch der Flamme, um ihn mit den Eigenschaften des Öls und der Kerze zu erfüllen.
4. Dann legen Sie den Granat vor sich hin und sagen:
   »Nun findet euren Weg, Sanftmut und Frieden.
   Kommt an meinen Arbeitsplatz und beseitigt das Chaos.«
5. Meditieren Sie 10 Minuten lang und löschen Sie dann die Kerze.
6. Tragen Sie den verzauberten Granat immer bei sich, um eine friedliche Atmosphäre zu schaffen.

Kommunikationszauber

Dieser Zauber kann die Kommunikation zwischen Ihnen und Ihren Kollegen erleichtern. Dazu brauchen Sie einen Spiegel, eine Ölmischung und einen Kristall, um Ihre Absichten mit der nötigen Energie aufzuladen. Tragen Sie das Öl auf Ihren Hals auf, wann immer Sie sich eine bessere Kommunikation wünschen.

ZEITPUNKT:
An einem Mittwoch oder bei abnehmendem Mond

DAUER:
15 Minuten

ORT:
Altar

ZUTATEN/WERKZEUGE:
gelbe Kerze
Feuerzeug oder Streichhölzer
2 EL Trägeröl
kleine bernsteinfarbene Tropfflasche
2 Tropfen ätherisches Lavendelöl
2 Tropfen ätherisches Salbeiöl
2 Tropfen ätherisches Pfefferminzöl
Spiegel

1. Reinigen Sie Ihren Altar.
2. Zünden Sie eine gelbe Kerze an und konzentrieren Sie sich dabei auf Ihre Absicht.
3. Gießen Sie das Trägeröl in eine Tropfflasche und geben Sie Lavendel-, Salbei- und Pfefferminzöl dazu.
4. Halten Sie das Fläschchen in den Händen und stellen Sie sich vor, wie Ihre Energie es umhüllt und mit Ihrer Kraft auflädt. Sie haben nun ein Kommunikationsöl geschaffen.
5. Tragen Sie 3 Tropfen von dem Öl auf Ihren Hals auf. Betrachten Sie sich im Spiegel und sagen Sie:
   »Während ich in den Spiegel schaue,
   gebe ich meinen Worten mehr Klarheit.«
6. Wiederholen Sie diesen Zauber je nach Bedarf.

Energiespendender Zauber

Fühlen Sie sich ausgebrannt? Dieser Zauber stärkt Ihre Energie, sodass Sie konzentriert bleiben und schwierige, langweilige oder anstrengende Aufgaben bei der Arbeit (oder zu Hause) besser erledigen können.

ZEITPUNKT:
Immer, wenn Sie einen Energieschub brauchen

DAUER:
20 Minuten

ORT:
Altar

ZUTATEN/WERKZEUGE:
Stift und Papier
Schere
feuerfeste Schüssel oder Kessel
½ EL getr. Ingwer
½ EL Zimt
Streichhölzer
kleines verschließbares Glas

1. Reinigen Sie Ihren Altar.
2. Schreiben Sie die Aufgaben, die Sie erledigen möchten, auf ein Blatt Papier.
3. Schließen Sie die Augen und konzentrieren Sie sich darauf, Ihre Energie zu verstärken.
4. Schneiden Sie das Papier in kleine Stücke und werfen Sie diese in eine feuerfeste Schüssel.
5. Streuen Sie getrockneten Ingwer und Zimt in die Schüssel und sagen Sie: *»Gewürze, gebt meinen Wünschen Kraft und Energie.«*
6. Dann zünden Sie ein Streichholz an, werfen es in die Schale und sagen: *»Energie, baue dich so lange auf, bis dieses Feuer erloschen ist.«*
7. Lassen Sie das Feuer ausbrennen und füllen Sie die Asche in ein Glasgefäß. Immer, wenn Sie einen Energieschub brauchen, verstreuen Sie die Asche um sich herum.

Zauber zur Stärkung des Gedächtnisses

Gibt es zu vieles, was Sie sich merken müssen? Mit diesem einfachen 5-Minuten-Zauber können Sie wichtige Details, Ideen oder Aufgaben bei der Arbeit leichter im Gedächtnis behalten und sich daran erinnern.

ZEITPUNKT:
Jederzeit

ORT:
Am Arbeitsplatz

DAUER:
5 Minuten

ZUTATEN/WERKZEUGE:
Kristall
Stift

1. Laden Sie den Kristall auf, indem Sie ihn bei Vollmond so hinlegen, dass das Mondlicht darauf fällt. Falls Sie keine Zeit haben, um mit Ihrem Zauber bis zum nächsten Vollmond zu warten, laden Sie den Kristall auf, indem Sie ihn in der Hand halten.
2. Reinigen Sie Ihren Stift. Schließen Sie die Augen und stellen Sie sich ein weißes Licht vor.
3. Halten Sie den Kristall in der linken und den Stift in der rechten Hand.
4. Visualisieren Sie, wie Ihre Energie pulsiert und immer mehr anwächst, bis Sie sie bewegen können. Greifen Sie zur Verstärkung auf die Energie des Kristalls zurück.
5. Hüllen Sie den Stift mit Ihrer Energie ein und konzentrieren Sie sich auf Ihre Absicht, sich an alles Wichtige zu erinnern.
6. Nach ein paar Minuten sollten Sie spüren, wie ein brennendes Gefühl von dem Stift ausgeht. Das bedeutet, dass Sie Ihre Energie auf den Stift übertragen haben.
7. Ihr Stift ist jetzt aufgeladen, und Sie können ihn jederzeit verwenden, um Aufgaben oder Details aufzuschreiben, die Sie nicht vergessen dürfen.

Zauberöl gegen »Aufschieberitis«

Schieben Sie gern Dinge auf die lange Bank? Dann eignet sich dieses einfache Zauberöl ganz hervorragend für Sie. Sie können es auf Ihre Pulspunkte auftragen, in einem Diffuser vernebeln oder Werkzeuge damit einsalben, um Ihr Konzentrationsvermögen zu stärken und sich gegen »Aufschieberitis« am Arbeitsplatz zu wappnen.

ZEITPUNKT:
An einem Mittwoch oder bei zunehmendem Mond

DAUER:
15 Minuten

ORT:
Altar

ZUTATEN/WERKZEUGE:
2 EL Trägeröl (z. B. Oliven- oder Mandelöl)
kleine bernsteinfarbene Roller- oder Tropfflasche
2 Tropfen ätherisches Grapefruitöl
2 Tropfen ätherisches Pfefferminzöl
1 Tropfen ätherisches Zitronenöl
1 Tropfen ätherisches Rosmarinöl

1. Reinigen Sie Ihren Altar.
2. Füllen Sie das Trägeröl in die Flasche.
3. Geben Sie nacheinander Grapefruit-, Pfefferminz-, Zitronen- und Rosmarinöl dazu und sagen Sie dabei jedes Mal:
   »Bewahre mich vor Verzögerungen.«
4. Halten Sie die Flasche in den Händen und visualisieren Sie, wie sie von Energie eingehüllt wird. Laden Sie sie mit Ihren Absichten auf.
5. Immer, wenn Sie das Öl verwenden, konzentrieren Sie sich dabei erneut auf Ihre Absichten.

Kerzenzauber mit Kreativitäts-Sigille

Leiden Sie an einer Kreativitätsblockade? Hier können Sie Ihre Fantasie so richtig in Schwung bringen. Er hilft bei Projekten, die einen kontinuierlichen Kreativitätsfluss erfordern. Man verwendet für diesen Zauber eine orangefarbene Kerze, weil Orange die Farbe der Kreativität und Energie ist.

ZEITPUNKT:
Bei zunehmendem Mond

DAUER:
30 Minuten

ORT:
Altar

ZUTATEN/WERKZEUGE:
Stift
2 Blatt Papier
Messer oder Permanentmarker
orangefarbene Stumpenkerze
1 EL Orangenschale
1 TL schwarzer Pfeffer
Feuerzeug oder Streichhölzer

1. Reinigen Sie Ihren Altar.
2. Schreiben Sie das Wort »Kreativität« auf das erste Blatt Papier.
3. Zerlegen Sie die Buchstaben des Wortes in ihre Grundstriche (beispielsweise Kurven, Punkte, Querstriche und Linien) und zeichnen Sie diese Striche unter das Wort. Verbinden Sie die Striche auf diesem Blatt so miteinander, dass sie den Umriss einer Figur bilden. Das kann zum Beispiel ein Quadrat, Herz, Kreuz oder Dreieck sein. Legen Sie alle übrig gebliebenen Kreise, Bögen und Striche an den Umrisslinien Ihrer Figur entlang oder außen herum. Diese Figur ist Ihre Kreativitäts-Sigille.
4. Schnitzen Sie die Kreativitäts-Sigille in die Kerze hinein oder schreiben Sie sie darauf.
5. Auf das zweite Blatt Papier schreiben Sie die Projekte oder Aufgaben, bei denen Sie gern mehr Kreativität entfalten möchten. Legen Sie dieses Blatt unter die orangefarbene Kerze und bestreuen Sie die Kerze mit der Orangenschale und dem zerstoßenen schwarzen Pfeffer.
6. Zünden Sie die Kerze an und lassen Sie das geschmolzene Wachs auf Ihr Papier tropfen, um ihm Energie zu verleihen. Meditieren Sie mindestens 10 Minuten lang darüber und stellen Sie sich dabei vor, wie Sie in Ihrem Inneren ein Tor zu Ihrer Kreativität öffnen. Immer, wenn Sie einen Kreativitätsschub brauchen, zünden Sie die Kerze an.

Puppenzauber für mehr Chancen

Mit diesem Zauber können Sie offene Stellen finden und Stellenangebote erhalten. Dazu brauchen Sie nur einen Schlüssel und eine Puppe. Der Schlüssel symbolisiert die Chancen, und die Puppe steht für Sie selbst.

ZEITPUNKT:
An einem Sonntag oder bei Neumond oder Vollmond

DAUER:
30 Minuten

ORT:
Altar

ZUTATEN/WERKZEUGE:
2 orangefarbene oder gelbe quadratische Stoff- oder Filzstücke
Schlüssel
orangefarbenes oder gelbes Garn
Polyester-Füllwatte oder Wattebäusche zum Füllen der Puppe
Bleistift
Schere
Nähnadel
1 TL getr. Kamille
1 TL getr. Minze
1 TL getr. Eisenkraut
Band oder Schnur

1. Reinigen Sie Ihren Altar.
2. Reinigen Sie Stoff, Schlüssel, Garn und Watte.
3. Skizzieren Sie die Umrisse der Vorder- und Rückseite Ihrer Puppe auf den Stoff und schneiden Sie die Formen mit der Schere aus.
4. Legen Sie die beiden Stoffstücke so aufeinander, dass die linken Seiten nach außen zeigen. Dann nähen Sie die Stoffstücke zu einer Puppe zusammen. Lassen Sie ein paar Zentimeter offen und drehen Sie den Stoff auf links, damit man die Naht nicht sieht.
5. Füllen Sie die Puppe mit Kamille, Minze, Eisenkraut und der Watte.
6. Nähen Sie die Öffnung zu und verschließen Sie Ihre Absicht auf diese Weise im Inneren der Puppe. Laden Sie die fertige Puppe mit Ihrer Absicht auf.
7. Legen Sie den Schlüssel auf die Puppe, binden Sie ihn mit einem Band oder einer Schnur daran fest und sagen Sie dabei:
   »Ich verbinde diese Puppe mit diesem Schlüssel,
   um bessere Chancen anzuziehen.«

8. Belassen Sie den Schlüssel an der Puppe. Dieser Zauber wird Ihnen gute berufliche Chancen schicken.

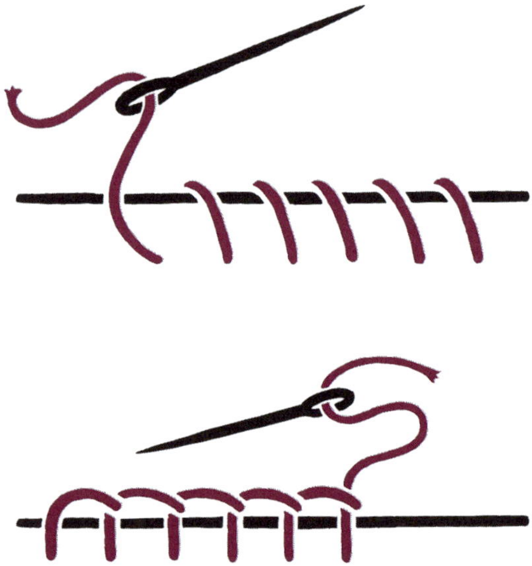

Zauber zur Produktivitätssteigerung

Manchmal braucht man nur einen kleinen Energieschub, um erfolgreich zu sein. Dieser Produktivitätszauber kann Ihnen helfen, alle Bereiche Ihres Lebens ins Gleichgewicht zu bringen, sodass Sie sowohl Ihrem Berufs- als auch Ihrem Privatleben die nötige Aufmerksamkeit schenken können. Wenn Sie zu viel um die Ohren haben, hilft Ihnen dieser Zauber, sich besser in all dem Chaos zurechtzufinden.

ZEITPUNKT:
An einem Mittwoch oder bei abnehmendem Mond

DAUER:
15 Minuten

ORT:
Altar oder Küche

ZUTATEN/WERKZEUGE:
kleine Schüssel
2 EL Wasser, vorzugsweise bei Vollmond aufgeladen (siehe Seite 53)
½ TL gelbe Lebensmittelfarbe
2 EL dunkler Maissirup
kleines Glas mit Deckel
2 EL Pflanzenöl

1. Reinigen Sie Ihren Altar oder Ihre Arbeitsfläche in der Küche.
2. Reinigen Sie Ihre Werkzeuge und Zutaten.
3. Vermischen Sie das bei Vollmond aufgeladene Wasser in der kleinen Schüssel mit der gelben Lebensmittelfarbe. Konzentrieren Sie sich darauf, Ihre produktivitätssteigernde Absicht in das Wasser hineinfließen zu lassen.
4. Gießen Sie den Maissirup in das Glas und konzentrieren Sie sich dabei darauf, den Grundstein für Ihren Zauber zu legen.
5. Dann fügen Sie vorsichtig das gelb gefärbte Wasser hinzu, sodass eine zweite Schicht in dem Glas entsteht.
6. Gießen Sie das Pflanzenöl auf das Wasser, um eine dritte Schicht zu bilden, und sagen Sie dabei:
   »Mit diesem Gebräu
   bringe ich Ordnung in das Chaos,
   um die Situation zu entschärfen.«

7. Immer, wenn Sie einen Produktivitätsschub brauchen, schütteln Sie das Glas mit der Flüssigkeit und konzentrieren sich darauf, was Sie alles erledigen müssen. Stellen Sie das Glas neben sich auf den Tisch, an dem Sie arbeiten. Während sich die Schichten wieder voneinander trennen, visualisieren Sie, wie sich das Chaos in Ihrem eigenen Leben in Schichten aufteilt und ordnet. Denken Sie daran, das Glas vor jedem Gebrauch zu reinigen.

Zauber für einen guten Eindruck

Steht Ihnen ein Vorstellungsgespräch bevor? Oder eine Besprechung mit Ihrem Chef, bei der Sie gern gut dastehen möchten? Mit diesem Zauber können Sie alle Menschen zu Ihren Gunsten beeinflussen, in deren Gegenwart Sie ihn tragen.

ZEITPUNKT:
An einem Sonntag oder bei Neumond

DAUER:
15 Minuten

ORT:
Altar oder Feuerstelle im Freien

ZUTATEN/WERKZEUGE:
1 EL getr. Rosenblütenblätter
1 EL getr. Lavendel
1 EL getr. Zitronenmelisse
1 EL Orangenschale
Mörser und Stößel oder Gewürzmühle
Trichter
kleines verschließbares Glas
Holzkohletablette und hitzefeste Schale, falls Sie den Zauber drinnen an Ihrem Altar wirken möchten
Feuerzeug oder Streichhölzer
Feuerstelle, falls Sie den Zauber draußen wirken möchten
Schmuckstück (z. B. Ring oder Halskette)

1. Reinigen Sie Ihren Altar.
2. Zermahlen Sie Rosenblütenblätter, Lavendel, Zitronenmelisse und Orangenschale leicht mit Mörser und Stößel. Konzentrieren Sie sich dabei auf Ihre Absichten und auf die Erzeugung von Energie.
3. Schütten Sie die Mischung durch einen Trichter in das Glas.
4. Legen Sie die Holzkohletablette in eine hitzefeste Schale. Zünden Sie die Tablette an und warten Sie, bis sie rot glüht. Legen Sie eine Prise Ihrer Räuchermischung auf die Holzkohletablette und verbrennen Sie diese. Wenn Sie diesen Zauber im Freien durchführen, können Sie die Kräuter in die offene Flamme einer Feuerstelle werfen.
5. Ziehen Sie Ihr Schmuckstück durch den Rauch und sagen Sie dabei: *»Ich segne diese Halskette, um andere Menschen zu beeindrucken.«*
6. Laden Sie das Schmuckstück mit den Eigenschaften auf, die Ihrer Meinung nach einen guten Eindruck erwecken. Visualisieren Sie diese Eigenschaften so genau, wie Sie können.

7. Tragen Sie das verzauberte Schmuckstück bei Geschäftsterminen und Vorstellungsgesprächen. Laden Sie das Schmuckstück alle paar Monate aufs Neue mit diesem Zauber auf.

Zauber, der den Weg frei macht

Fühlen Sie sich irgendwie festgefahren oder blockiert? Dieser Zauber ist eine ausgezeichnete Hilfe bei der Beseitigung von Hindernissen oder Situationen, bei denen Sie das Gefühl haben, nicht weiterzukommen. Benutzen Sie ihn, um Ihre Karriere oder Ihre Ideen und Projekte auf den Weg zu bringen. Bei diesem von Hoodoo beeinflussten Zauber verwendet man Abre-Camino-Kraut (Hierba abre camino, lateinischer Name: *Eupatorium villosum*).

ZEITPUNKT:
An einem Sonntag und bei abnehmendem Mond

DAUER:
30 Minuten

ORT:
Badezimmer und Küche

ZUTATEN/WERKZEUGE:
kleiner Topf
240 ml Wasser
1 Handvoll Abre-camino-Kraut oder »Road Opener«-Öl
Mulltuch oder Sieb
Krug oder Kanne
240 g Bittersalz
graue Stumpenkerze
Feuerzeug oder Streichhölzer
Selenit

1. Reinigen Sie Ihr Bad und Ihre Küche.
2. Bringen Sie das Wasser in einem kleinen Topf zum Kochen.
3. Nehmen Sie den Topf vom Herd, lassen Sie das Abre-camino-Kraut 10 Minuten in dem heißen Wasser ziehen und seihen Sie die Flüssigkeit dann in einen Krug oder eine Kanne ab.
4. Füllen Sie Ihre Badewanne mit warmem oder heißem Wasser und geben Sie das Bittersalz hinein.
5. Während die Wanne vollläuft, zünden Sie die Kerze an und stellen sie zusammen mit dem Selenit und dem Abre-camino-Wasserkrug an einem sicheren Ort in der Nähe auf.
6. Baden Sie 20 Minuten lang in dem Wasser und konzentrieren Sie sich dabei auf alles in Ihrem Leben, was Sie gern von Blockaden befreien und in Gang bringen möchten. Sobald das Abre-camino-Wasser abgekühlt

ist, übergießen Sie Ihren Körper damit, um alle Blockaden wegzuwaschen. Sagen Sie dabei:

»Mit diesem Bad wasche ich alle Blockaden weg
und beseitige jegliches Chaos.«

7. Nach 20 Minuten lassen Sie das Wasser ablaufen und blasen die Kerze aus.
8. Tragen Sie den Selenit stets bei sich, um Ihre Energien zu heilen und auszugleichen und zukünftige Blockaden und Hindernisse abzuwehren.

Verantwortungszauber

Brauchen Sie Hilfe, weil Sie zu viel Verantwortung tragen? Dieser Zauber wird einen Teil dieser Last von Ihren Schultern nehmen. Die Tarotkarte »Zehn der Stäbe« steht für Verantwortung, Belastungen und harte Arbeit.

ZEITPUNKT:
Eine Stunde vor Sonnenuntergang

DAUER:
30 Minuten

ORT:
Im Freien

ZUTATEN/WERKZEUGE:
Picknickdecke oder andere für draußen geeignete Sitzgelegenheit (optional)
Salz oder Zauberstab
Karte »Zehn der Stäbe« aus dem Rider-Waite-Tarot-Kartendeck (oder ein ausgedrucktes Bild dieser Karte)
Stift und Papier

1. Finden Sie einen Platz im Freien, den Sie als heiligen Raum nutzen können, und reinigen Sie ihn. Legen Sie eine Decke auf den Boden.
2. Ziehen Sie einen Schutzkreis, um Ihren Geist während der Meditation abzuschirmen. Streuen Sie dazu Salz um sich herum oder ziehen Sie den Kreis mit Ihrem Zauberstab. Visualisieren Sie ein weißes Licht, das diese Barriere verstärkt.
3. Setzen Sie sich und legen Sie die Tarotkarte »Zehn der Stäbe« vor sich.
4. Betrachten Sie die Karte so lange, bis Sie das Bild vor Ihrem inneren Auge sehen.
5. Schließen Sie die Augen. Fallen Sie in einen tranceartigen Zustand und versetzen Sie sich in das Bild auf der Karte hinein.
6. Visualisieren Sie die Figur. Muss dieser Mann wirklich alle zehn Stöcke mit sich herumschleppen? Wie würden Sie ihm helfen, an sein Ziel zu kommen? Braucht er Hilfe? Überlegen Sie, wie dieser Mann um Hilfe bitten oder etwas von seiner Last ablegen könnte.
7. Kehren Sie in die Gegenwart zurück und schreiben Sie auf, wie Sie Ihre eigenen Aufgaben bewältigen oder mit anderen Menschen teilen könnten. Schließen Sie Ihren Kreis, reinigen Sie Ihren heiligen Raum und denken Sie darüber nach, was Sie beobachtet haben.

Motivations-Zauberflasche

Haben Sie das Gefühl, auf dem Zahnfleisch zu gehen? Vielleicht brauchen Sie ja nur einen kleinen Energieschub, um Ihre Arbeit wieder besser zu schaffen. Diese einfache Zauberflasche hilft Ihnen, positiv zu denken. Sie können ihr mit der mit Energie aufgeladenen Asche aus dem Zauber auf Seite 125 die nötige Kraft verleihen.

ZEITPUNKT:
An einem Mittwoch oder bei zunehmendem Mond

DAUER:
25 Minuten, plus 2 bis 3 Stunden Brennzeit

ORT:
Altar

ZUTATEN/WERKZEUGE:
1 EL Zimt
1 EL Meersalz
1 EL zerstoßene Chiliflocken
1 EL gem. Salbei
1 EL gem. Ingwer
1 EL getr. Rosmarin
1 EL gem. Muskatnuss
1 EL Asche aus dem Energiespendenden Zauber (Seite 125; optional)
kleines oder mittelgroßes Glas mit Deckel
Aventurin
Feuerzeug oder Streichhölzer
10 cm lange dünne Kerze oder Mini-Kerze

1. Reinigen Sie Ihren Altar.
2. Konzentrieren Sie sich auf Ihre Absichten, um Motivation und positive Energie zu erzeugen.
3. Geben Sie Zimt, Meersalz, Chiliflocken, Salbei, Ingwer, Rosmarin, Muskatnuss und Asche in das Glas.
4. Dann laden Sie den Aventurin auf, legen Sie ihn ebenfalls in das Glas hinein und verschließen Sie es.
5. Zünden Sie die Kerze an und halten Sie sie waagerecht, sodass Wachs auf den Deckel des Glases tropft.
6. Dabei sagen Sie in einer Art Sprechgesang vor sich hin:
   »Motivation, wachse, blühe und gedeihe.«
7. Lassen Sie genügend Wachs auf den Deckel tropfen, um die Kerze so daran befestigen zu können, dass sie aufrecht steht. Dann stecken Sie

die noch brennende Kerze in das Wachs auf dem Deckel und drücken sie fest. Lassen Sie das Wachs rund um die Kerze antrocknen, sodass sie von allein stehen kann.

8. Lassen Sie die Kerze ausbrennen, um Ihre Absichten in der Zauberflasche zu verschließen.
9. Solange die Kerze brennt, meditieren Sie und denken darüber nach, was Sie motiviert und wie Sie Ihre Motivation aufrechterhalten können.

KAPITEL 6

FREUNDE UND FAMILIE

Ihr häusliches Leben und Ihre Gemeinschaft spielen für Ihre soziale, geistige und emotionale Gesundheit eine wichtige Rolle. In diesem Kapitel finden Sie Zauber für die Reinigung und Unterstützung und den Aufbau stärkerer Beziehungen zu Menschen, die Ihnen nahestehen. Wenn Sie eine ethische Hexenpraxis betreiben, kann es sehr bereichernd sein, Verwandten, Freunden und Partnern mit Ihren Zaubern zu helfen. Bevor Sie einen Zauber wirken, der einen anderen Menschen betrifft, sollten Sie jedoch stets Ihre Absichten hinterfragen. Könnte dieser Zauber jemandem schaden? Greift er in den freien Willen einer anderen Person ein? Solche Fragen müssen Sie berücksichtigen, bevor Sie sich für oder gegen einen Zauber entscheiden.

Reinigung eines neuen Zuhauses

Der Umzug in ein neues Haus ist eine spannende Angelegenheit; aber vielleicht kommen Sie dabei mit alter, stagnierender oder negativer Energie in Kontakt. Ein Segen für Ihr neues Zuhause ist wichtig für Sie und alle Menschen, mit denen Sie zusammenleben. Verwenden Sie diesen Reinigungszauber in Ihrem neuen Zuhause, um auch wirklich ganz neu anzufangen.

ZEITPUNKT:
An einem Samstag oder bei dunklem Mond

DAUER:
30 Minuten

ORT:
In allen Zimmern Ihres neuen Hauses

ZUTATEN/WERKZEUGE:
Räucherbündel oder Weihrauchstäbchen
Feuerzeug oder Streichhölzer
feuerfeste Schale
Besen oder Feder

1. Beginnen Sie in einem Zimmer in der Mitte Ihres Hauses.
2. Zünden Sie ein Räucherbündel oder Weihrauchstäbchen an und legen Sie es in eine feuerfeste Schale.
3. Reinigen Sie das Zimmer, indem Sie darin mit der Schale in der Hand im Uhrzeigersinn im Kreis herumgehen. Verteilen Sie den Rauch mit einem Besen oder einer Feder, damit er das ganze Zimmer erfüllt. Sagen Sie dabei:
   »Mit diesem Rauch reinige ich diese Wohnung
   und verbanne alles, was daraus vertrieben werden muss.«
4. Visualisieren Sie, wie alte und negative Energien aus Ihrem frisch gereinigten Zuhause herausfließen.

5. Wiederholen Sie die Schritte 3 und 4 in allen Zimmern, wobei Sie jeweils in der Mitte des Raumes beginnen. Bewegen Sie sich auf diese Weise im Uhrzeigersinn im ganzen Haus herum.
6. Optional: Bewahren Sie die Asche in der Schale für Schutz- oder Bannzauber auf.

Zaubersäckchen »Süße Träume«

Mit diesem Zaubersäckchen können Sie sich selbst, einen Freund oder geliebten Menschen mit einem friedlichen, erholsamen Schlaf – ohne Albträume oder sonstige unerwünschte Träume – beglücken. Es ist ein schönes Geschenk, das friedliche Energie und einen angenehmen Duft verbreitet.

ZEITPUNKT:
An einem Donnerstag oder Samstag

DAUER:
15 Minuten

ORT:
Altar

ZUTATEN/WERKZEUGE:
Feuerzeug oder Streichhölzer
hellblaue oder weiße Votivkerze
20 × 20 cm großes, hellblaues oder weißes quadratisches Tuch
2 TL getr. Katzenminze
2 TL getr. Kamille
2 TL getr. Lavendel
2 TL getr. Zedernblätter
Granat
Schnur

1. Reinigen Sie Ihren Altar.
2. Zünden Sie die Kerze an und visualisieren Sie Ihre Absicht, Ruhe und Frieden ins Schlafzimmer hineinzuholen.
3. Breiten Sie das Tuch aus und legen Sie Katzenminze, Kamille, Lavendel, Zedernblätter und den Granat darauf. Erfüllen Sie jedes dieser Objekte nacheinander mit Ihrer Energie.
4. Sobald Sie damit fertig sind, heben Sie die vier Ecken des Tuches an und binden sie mit einer Schnur zusammen, um das Säckchen zu verschließen. Sagen Sie dabei:
   »Seid schön und freundlich, liebe Träume,
   und hinterlasst nichts als Frieden.«
5. Legen Sie das Säckchen unter Ihr Kopfkissen, um sich vor Albträumen zu schützen. Sie können es auch einem Familienangehörigen oder Freund schenken.

Zauber zur Beilegung von Streitigkeiten

Gibt es in Ihrer Familie häufig Streit? Oder haben Sie manchmal Ärger mit Ihrer besten Freundin? Konflikte sind häufig unvermeidlich, aber man sollte offen darüber reden, statt sie unter den Teppich zu kehren. Mithilfe von Papier, Bleistift, Feuer und positiven Absichten können Sie reinen Tisch machen.

ZEITPUNKT:
An einem Mittwoch oder bei dunklem Mond

DAUER:
15 Minuten

ORT:
Altar

ZUTATEN/WERKZEUGE:
Streichhölzer
Räucherwerk für eine positivere Einstellung (Seite 218)
Stift und Papier
feuerfeste Schüssel

1. Reinigen Sie Ihren Altar.
2. Zünden Sie das Räucherwerk an und konzentrieren Sie sich auf Ihre Absichten.
3. Greifen Sie zu Papier und Stift und nehmen Sie sich mindestens 5 Minuten lang Zeit, um den Streit und Ihren Wunsch, ihn zu beheben, zu beschreiben.
4. Danach ziehen Sie Ihr Blatt Papier dreimal durch den Rauch und visualisieren, wie Ihr Streit sich in Luft auflöst. Sagen Sie dabei:
   »Ich ziehe dieses Papier durch den reinigenden Rauch
   und verbanne meinen Streit von Mal zu Mal ein bisschen mehr;
   ich reinige die Luft von allen bösen Worten.«
5. Als Nächstes zerreißen Sie Ihr Papier in winzig kleine Stücke und legen diese in Ihre feuerfeste Schüssel. Dadurch wird der Streit aus Ihrem Leben verbannt.
6. Zünden Sie ein Streichholz an und werfen Sie es in die Schüssel, um den Zettel anzuzünden.

Spiegelzauber zum Schutz vor Negativität

Sehen Sie plötzlich alles nur noch negativ? Es ist fast unmöglich, negativen Gedanken aus dem Weg zu gehen. Sie können durch die täglichen Nachrichten, durch unseren alltäglichen Lebenskampf oder durch die Nähe von Menschen entstehen, die gern eine negative Atmosphäre um sich herum verbreiten und sich über alles beschweren. Für diesen Zauber brauchen Sie einen Spiegel, der negative Energien einfängt und Sie vor ihnen schützt.

ZEITPUNKT:
An einem Samstag oder bei abnehmendem Mond

DAUER:
20 Minuten

ORT:
Altar

ZUTATEN/WERKZEUGE:
Taschenspiegel
4 TL Meersalz
1 TL Asche
1 TL schwarzer Pfeffer
1 TL Cayennepfeffer
1 TL Zimt
kleine Schüssel
Permanentmarker

1. Reinigen Sie Ihren Altar.
2. Säubern Sie den Taschenspiegel.
3. Vermischen Sie Meersalz, Asche, schwarzen Pfeffer, Cayennepfeffer und Zimt in einer kleinen Schüssel zu einer schwarzen Salzmischung mit schützenden Eigenschaften.
4. Klappen Sie den Spiegel auf, streuen Sie eine Prise von dem schwarzen Salz darauf und sagen Sie dabei:
   »Kleiner Schutzspiegel,
   reflektiere alles Negative von mir weg.«
5. Zeichnen Sie mit einem Permanentmarker entweder ein Pentagramm oder eine Schutz-Sigille (Seite 195) auf die Rückseite des Spiegels, um negative Energien einzufangen und von sich fernzuhalten.

Verständniszauber

Wenn Sie sich in die Lage eines anderen Menschen hineinversetzen, können Sie seine Erfahrungen, Probleme und Gedankengänge besser verstehen. Dieser Zauber stellt vorübergehend eine Verbindung zu einer anderen Person her und hilft Ihnen, sie kennenzulernen und sich in sie hineinzufühlen.

ZEITPUNKT:
An einem Mittwoch oder Freitag oder bei zunehmendem Mond

DAUER:
20 Minuten

ORT:
Altar

ZUTATEN/WERKZEUGE:
Foto der Person, in die Sie sich hineinfühlen möchten
Feuerzeug oder Streichhölzer
weiße Kerze
Türkises

1. Reinigen Sie Ihren Altar.
2. Reinigen Sie das Foto, um es von alten oder unerwünschten Energien zu befreien.
3. Zünden Sie die Kerze an und stellen Sie sie neben das Foto.
4. Treten Sie mit der Energie des Türkises in Verbindung, um Ihren Zauber zu verstärken.
5. Visualisieren Sie ein weißes Licht, das die Person auf dem Foto umgibt. Stellen Sie eine Verbindung zwischen diesem Menschen und Ihrer eigenen Energie her und fokussieren Sie sich auf Ihre Absicht, ihn besser zu verstehen.
6. Konzentrieren Sie sich ungefähr 15 Minuten lang auf Ihre Verbindung zu dieser Person – oder so lange, bis Sie das Gefühl haben, dass die Verbindung stabil ist und dass Sie die Person verstehen.
7. Dann trennen Sie Ihre Verbindung wieder und blasen die Kerze aus. Die Verbindung ist jetzt aufgelöst.

Zauber gegen böse Absichten

Haben Sie das Gefühl, dass Sie selbst oder ein geliebter Mensch ungerecht behandelt werden? Mit diesem Zauber können Sie Negativität verbannen, die gegen Sie oder einen Ihnen nahestehenden Menschen gerichtet ist. Bannzauber sind eine gute Methode, um negative oder unerwünschte Energie aus Ihrem Leben zu vertreiben. Dieser Zauber arbeitet mit dem Element Feuer, um böse Absichten zu verbrennen.

ZEITPUNKT:
Bei abnehmendem Mond

DAUER:
20 Minuten

ORT:
Altar oder draußen im Freien

ZUTATEN/WERKZEUGE:
Stift und Papier
feuerfeste Schale
1 Prise getr. Johanniskraut
1 Prise schwarzes Salz
Streichholz

1. Reinigen Sie Ihren Altar oder Arbeitsbereich im Freien.
2. Dann schreiben Sie Ihre Absichten auf das Blatt Papier, falten es zusammen und legen es in die Schale.
3. Streuen Sie das Johanniskraut und das schwarze Salz auf das Papier. Zünden Sie ein Streichholz an und lassen Sie es in die Schale fallen, um den Inhalt anzuzünden.
4. Lassen Sie die Mischung in der Schale ausbrennen und verstreuen Sie die Asche an den Türschwellen Ihres Hauses, um alle Bewohner vor bösen Absichten zu schützen.

Zauber zur Stärkung von Freundschaften

Sind Sie und eine Freundin/ein Freund von Ihnen im Begriff, sich auseinanderzuleben? Mit diesem Zauberfläschchen, das Sie sich um den Hals hängen können, werden Ihre Beziehungen stärker als je zuvor. Es hilft Ihnen, ruhig und gelassen zu bleiben und Ihre Freundschaft zu stärken.

ZEITPUNKT:
An einem Sonntag oder bei Neumond

DAUER:
20 Minuten

ORT:
Altar

ZUTATEN/WERKZEUGE:
Stift
2,5 × 2,5 cm großes Stück Papier
Mini-Zauberflasche
6–8 getr. Lavendelknospen
1 Lapislazuli-Chip
1 Karneol-Chip
45 cm lange Schmuckkette oder Schnur

1. Reinigen Sie Ihren Altar.
2. Zeichnen Sie ein ineinander verschlungenes Symbol, das Ihre Beziehung zu Ihrem Freund oder Ihrer Freundin darstellt, auf Papier.
3. Dann rollen Sie das Blatt Papier zusammen, legen es in Ihr Zauberfläschchen und sagen: *»Dieses Symbol steht für die stärkeren Bindungen, nach denen ich strebe.«*
4. Füllen Sie die Lavendelknospen in Ihr Fläschchen und sagen Sie dabei: *»Lavendel der Freundschaft, lass tiefere Verbindungen entstehen.«*
5. Laden Sie den Lapislazuli- und den Karneol-Chip auf und geben Sie diese ebenfalls in das Fläschchen. Sagen Sie dabei: *»Kristalle der Ruhe und des Mutes, schafft einen Neuanfang mit stabilen Beziehungen.«*
6. Verkorken Sie das Fläschchen und verschließen Sie Ihre Absichten darin.
7. Hängen Sie das Fläschchen an eine Kette oder Schnur und tragen Sie es als Schmuck um den Hals.
8. Optional: Erstellen Sie eine zweite Zauberflaschen-Halskette als Geschenk für Ihre Freundin oder Ihren Freund.

Handschmeichler-Zauber für mehr Respekt

Fühlen Sie sich respektlos behandelt? Dieser aufgeladene Kristall verschafft Ihnen mithilfe eines einfachen Energiemanipulationszaubers mehr Respekt. Lapislazuli ist ein Freundschaftsstein, der Ihnen gleichzeitig auch hilft, Respekt zu gewinnen. Der Handschmeichler verbessert Ihre emotionale Verfassung und stärkt Ihr Selbstvertrauen und Selbstwertgefühl.

ZEITPUNKT:
An einem Dienstag oder Sonntag oder bei zunehmendem Mond oder Vollmond

DAUER:
20 bis 25 Minuten

ORT:
Altar

ZUTATEN/WERKZEUGE:
2 rosa blühende Rosen
2 Nelken
2 Pfingstrosen
3 Teelichter in Weiß, Rosa und/oder Gelb
3 feuerfeste Teller
Feuerzeug oder Streichhölzer
Lapislazuli oder Bergkristall als Handschmeichler (handtellergroßer ovaler, polierter Stein)

1. Reinigen Sie Ihren Altar.
2. Reinigen Sie Ihre Zutaten.
3. Zupfen Sie die Blütenblätter von den Rosen, Nelken und Pfingstrosen ab und verstreuen Sie diese auf Ihrem Altar.
4. Stellen Sie je ein Teelicht auf einen feuerfesten Teller. Arrangieren Sie die Teller auf Ihrem Altar zu einem Dreieck und zünden Sie die Teelichter an.
5. Nehmen Sie den Handschmeichler in die Hände und schließen Sie die Augen. Spüren Sie das Gewicht des Steins und meditieren Sie 15 Minuten lang über Ihre Absichten.
6. Während Sie sich bei der Meditation entspannen und zentrieren, spüren Sie, wie die Energie des Steins sich mit Ihrer eigenen Energie vermischt.

Neumond-Freundschaftszauber

Neumondphasen sind eine gute Gelegenheit, neue Ideen auszuprobieren, sich neue Ziele zu setzen und Zauber auszuprobieren. Sie eignen sich auch gut dazu, neue Freundschaften anzuziehen. Bei diesem Zauber schreiben Sie Ihre Absichten auf ein Blatt Papier und manifestieren sie mithilfe einer gesalbten Kerze.

ZEITPUNKT:
Bei Neumond

DAUER:
20 Minuten

ORT:
Altar oder im Freien

ZUTATEN/WERKZEUGE:
rosa oder weiße Stumpenkerze
Teller
1 EL Trägeröl (z. B. Oliven- oder Sonnenblumenöl)
1 TL getr. Lavendel
1 TL Zucker
Stift und Papier
feuerfester Teller
Feuerzeug oder Streichhölzer

1. Reinigen Sie Ihren Altar.
2. Stellen Sie die Kerze auf einen Teller und reiben Sie sie mit dem Zeigefinger von oben nach unten mit dem Trägeröl ein. Achten Sie darauf, dass dabei kein Öl auf den Docht tropft.
3. Bestreuen Sie die Kerze mit dem getrockneten Lavendel und dem Zucker. Konzentrieren Sie sich dabei auf Ihre Absicht, Freundschaften anzuziehen.
4. Erstellen Sie eine Liste der Eigenschaften, die Sie sich von einer Freundin oder einem Freund wünschen. Legen Sie das Papier auf einen feuerfesten Teller und stellen Sie die Kerze darauf.
5. Zünden Sie die Kerze an. Meditieren Sie 5 bis 10 Minuten lang über Ihre Absichten und sagen Sie dabei in einer Art Sprechgesang vor sich hin:
   »Neumond mit deinem Schein,
   bringe mir neue Freundschaften, die ich pflegen kann.«
6. Vergessen Sie nicht, die Kerze anschließend wieder zu löschen.

Knotenzauber zur Heilung von Freundschaften

Haben Sie das Gefühl, dass eine Freundschaft zerbrochen ist? Durch Knotenmagie können Sie symbolisch eine Brücke zu einem alten Freund bauen. Aber denken Sie daran, dass Sie die befreundete Person mit diesem Zauber nicht dazu zwingen können, über Ihre Brücke zu gehen.

ZEITPUNKT:
An einem Dienstag, Mittwoch oder Freitag

DAUER:
25 Minuten

ORT:
Altar

ZUTATEN/WERKZEUGE:
2 verschiedenfarbige Schnüre, je 45 cm lang
6 kleine Glocken mit Haken oder Schlaufen zum Aufhängen
2 rosa oder weiße Teelichter
Feuerzeug oder Streichhölzer
2 Fotos (eines von Ihnen und eines von Ihrer Freundin oder Ihrem Freund)
Klebeband

1. Reinigen Sie Ihren Altar.
2. Fädeln Sie beide Schnüre durch die erste Glocke, befestigen Sie sie mit einem Überhandknoten. Konzentrieren Sie sich auf Ihre Absichten.
3. Danach binden Sie auch die restlichen Glocken in gleichmäßigen Abständen an den Schnüren fest.
4. Stellen Sie die Teelichter rechts und links neben sich auf und zünden Sie sie an.
5. Legen Sie die beiden Fotos nebeneinander und kleben Sie sie mit dem Klebeband zusammen.
6. Bimmeln Sie zweimal mit Ihrer Glockenschnur und sagen Sie:
   »Mit diesen Glocken verbanne ich allen Hass,
   mit jedem Klingeln lasse ich los und verzeihe,
   mit diesem Foto bringe ich uns beide wieder zusammen.«
7. Suchen Sie Kontakt zu der Person. Wiederholen Sie diesen Zauber jeden Tag. Lassen Sie die beiden zusammengeklebten Fotos so lange auf Ihrem Altar stehen, bis Ihre Beziehung wieder stärker wird.

Festmahl zur Vertiefung von Beziehungen

Nichts stärkt zwischenmenschliche Beziehungen mehr als ein rituelles Festmahl. Laden Sie Ihre Lieben an einem Sabbat, Esbat, Vollmond oder Feiertag zu sich nach Hause ein. Ein solches Festmahl ist eine wunderbare Gelegenheit, um sich für alles in Ihrem Leben zu bedanken und den Beziehungen, die Sie sich aufgebaut haben, Ehre zu erweisen.

ZEITPUNKT:
Bei Vollmond oder an einem Sabbat oder Feiertag

DAUER:
2 bis 3 Stunden

ORT:
Küche oder Esszimmer

ZUTATEN/WERKZEUGE:
Gerichte, die man miteinander teilen kann
Getränke zum Anstoßen
Feuerzeug oder Streichhölzer
weiße Votiv- oder Stumpenkerzen (eine pro Gast)
Geschenke (optional)

1. Reinigen Sie Ihre Arbeitsfläche in der Küche oder Ihren Esszimmerbereich.
2. Bereiten Sie die Lieblingsgerichte und -getränke von Ihnen und Ihren Gästen zu.
3. Zünden Sie für jeden Gast eine Kerze an und stellen Sie die Kerzen neben die Gedecke.
4. Während Sie auf Ihre Gäste warten, sagen Sie:
   »Heute Abend werden wir gutes Essen in Dankbarkeit miteinander teilen.
   Gemeinsam geben und teilen wir fröhlich und voller Liebe.
   Möge alles, was wir heute Abend tun, dem höchsten Wohl aller Beteiligten dienen. So soll es sein.«
5. Heißen Sie Ihre Lieben bei sich zu Hause willkommen. Genießen Sie das gemeinsame Feiern und zünden Sie die Kerzen an, um den Raum mit Ihren Absichten für ein gesegnetes Festmahl der Verbundenheit zu erfüllen.
6. Nach dem Fest löschen Sie die Kerzen und vergraben sie in Ihrem Garten, damit die Wirkungen dieses Segens nicht verloren gehen.

Beliebtheitsöl

Ist heute Ihr erster Tag bei einer Ausbildung oder einem neuen Job? Dann lindern Sie Ihre Ängste und Ihre innere Anspannung mit einem Öl, das Ihnen zu mehr Akzeptanz, Anerkennung und Zustimmung verhilft. Tragen Sie das Öl auf Ihre Haut auf oder reiben Sie Ihren Schmuck damit ein.

ZEITPUNKT:
An einem Montag oder Donnerstag oder bei zunehmendem Mond oder Vollmond

DAUER:
20 Minuten

ORT:
Altar oder Küche

ZUTATEN/WERKZEUGE:
1 EL Trägeröl (z. B. Jojoba- oder Mandelöl)
kleine bernsteinfarbene Roller- oder Tropfflasche
2 Tropfen ätherisches Jasminöl
2 Tropfen ätherisches Rosenöl
2 Tropfen ätherisches Sandelholzöl
1 Prise getr. Rosenblütenblätter

1. Reinigen Sie Ihren Altar.
2. Füllen Sie das Trägeröl in das Fläschchen.
3. Fügen Sie die ätherischen Öle hinzu und konzentrieren Sie sich dabei auf Ihre Absichten.
4. Geben Sie eine Prise getrocknete Rosenblütenblätter dazu.
5. Dann verschließen Sie das Fläschchen, halten es in den Händen und stellen sich vor, wie es von Ihrer Energie eingehüllt wird. Laden Sie es mit Ihren Absichten auf.
6. Lassen Sie dem Öl Zeit, seinen Zauber zu entfalten und mit der Zeit immer stärker zu werden.
7. Tragen Sie es auf Ihre Haut auf, um Ihre Beliebtheit zu steigern.

Turm des Vertrauens

Der Aufbau von Vertrauen zwischen Freunden oder Liebenden kostet Zeit und Mühe. Es manifestiert sich nicht von selbst und entsteht auch nicht von heute auf morgen. Bei diesem Zauber werden Sie einen Turm bauen, der Sie beim Aufbau von Vertrauen unterstützt. Dazu verwenden Sie einen aktivierten Kristall, mit dessen Hilfe Sie Ihre Energie und Ihre Absichten in die Welt hinaussenden können.

ZEITPUNKT:
An einem Dienstag oder bei zunehmendem Mond

DAUER:
30 Minuten

ORT:
Im Freien

ZUTATEN/WERKZEUGE:
Sodalith
8 draußen aufgesammelte Stöcke von ähnlicher Länge
Zauberstab oder Athame

1. Suchen Sie sich eine ebene Fläche, die Sie als Altarplatz im Freien nutzen können. Hier werden Sie Ihren Turm aufbauen; also sollte es sich um einen relativ sicheren Ort, wie einen Hinterhof oder Balkon, handeln.
2. Reinigen Sie Ihren Altarplatz.
3. Legen Sie Ihre Absichten fest. Laden Sie Ihren Kristall auf und legen Sie ihn vor sich hin.
4. Legen Sie auf jede Seite Ihres Kristalls einen Stock,, einen auf die linke und einen auf die rechte Seite, und sagen Sie:
   »Fundamente, die gebaut werden, um zu stützen.«
5. Legen Sie zwei weitere Stöcke quer zu den ersten beiden über und unter Ihren Kristall, sodass ein Rautensymbol entsteht, und sagen Sie:
   »Mauern, die gebaut werden, um zu bestehen.«
6. Legen Sie noch zwei Stöcke in die gleiche Position wie die ersten beiden und sagen Sie:
   »Bande, die geknüpft werden, um zu gedeihen.«

7. Legen Sie Ihre letzten beiden Stöcke in die gleiche Position wie die Stöcke in Schritt 5 und sagen Sie:
   »Vertrauen, das aufgebaut wird, um zu halten.«
8. Nun sollte Ihr Kristall von einem Turm aus Stöcken umgeben sein. Meditieren Sie 10 Minuten lang und lassen Sie vertrauensvolle Energie in Ihren Turm hineinfließen.
9. Lassen Sie den Turm so lange stehen, wie Sie Vertrauen aufbauen möchten.
10. Optional: Wiederholen Sie diese Meditation täglich, um mit Ihrem Vertrauensturm in Verbindung zu treten.
11. Wenn der Turm umstürzt, wiederholen Sie den Zauber.

Akzeptanz-Talisman

Haben Sie Angst davor, sich als Hexe zu outen? Haben Sie Angst vor Ablehnung oder negativen Reaktionen? Dieser Zauber flößt Ihnen Zuversicht und Selbstvertrauen ein, vertreibt Ängste und verstärkt die innere Offenheit anderer Menschen für Ihre Situation.

ZEITPUNKT:
An einem Montag oder bei Neumond

DAUER:
15 Minuten

ORT:
Altar

ZUTATEN/WERKZEUGE:
Schmuckstück (z. B. Halskette oder Ring)
1 EL Trägeröl (z. B. Olivenöl)
orangefarbene Stumpen- oder Votivkerze
1 TL Thymian
Feuerzeug oder Streichhölzer

1. Reinigen Sie Ihren Altar.
2. Reinigen Sie das Schmuckstück.
3. Reiben Sie das Öl mit dem Zeigefinger von oben nach unten in die Kerze ein. Achten Sie darauf, dass dabei kein Öl auf den Docht tropft. Sobald Ihr Finger am unteren Ende der Kerze angelangt ist, sagen Sie: *»Mit dieser Bewegung ziehe ich Mut an.«*
4. Bewegen Sie den Finger entlang der Kerze nach oben und sagen Sie: *»Mit dieser Bewegung verbanne ich die Angst.«*
5. Dann führen Sie den Finger wieder nach unten und sagen: *»Mit dieser Bewegung verstärke ich die innere Offenheit meiner Mitmenschen.«*
6. Streuen Sie Thymian auf das obere Ende der Kerze.
7. Zünden Sie Ihre Kerze an und meditieren Sie 5 Minuten lang über alles, was Sie in Ihrem Leben erreichen und manifestieren möchten. Lassen Sie Ihre Absichten in die Kerze hineinfließen.
8. Ziehen Sie den Schmuck durch die Wärme der Flamme und erfüllen Sie ihn mit den Eigenschaften Ihres Zaubers. Sagen Sie: *»Mit dieser Bewegung lasse ich Akzeptanz in meinen Schmuck hineinfließen.«*
9. Ihr Schmuckstück ist jetzt fertig. Tragen Sie es, um in Zukunft auf mehr Akzeptanz bei Ihren Mitmenschen zu stoßen.

Talisman, um neue Freunde anzuziehen

Würden Sie gern neue Freundschaften schließen? Neue Freunde zu finden, ist nicht einfach, und je älter man ist, umso schwieriger wird es. Bei diesem Zauberspruch bearbeiten Sie Ton mit den Händen, um Ihre Absichten in einen Talisman hineinfließen zu lassen. Dadurch gewinnen Sie mehr Energie, um neue Freundschaften anzuziehen.

ZEITPUNKT:
An einem Sonntag oder bei Neumond

DAUER:
25 Minuten, plus Brennzeit (je nach Anleitung auf der Verpackung des Tons)

ORT:
Küche

ZUTATEN/WERKZEUGE:
Karneol
Backofen
Backblech
Backpapier
2,5 cm großer Polymer-Tonblock (rosa, weiß, gelb oder orange)
Schere
Kleber für Polymer-Ton (optional)
Spieß
45 cm lange Schnur oder Kette

1. Reinigen Sie Ihre Arbeitsfläche in der Küche.
2. Reinigen Sie den Karneol und legen Sie ihn beiseite.
3. Heizen Sie den Backofen je nach Anleitung auf der Verpackung Ihres Polymer-Tons vor.
4. Legen Sie ein Backblech mit Backpapier aus.
5. Rollen Sie den Tonblock so lange in den Händen, bis er weich ist. Formen Sie den Ton zu einer Kugel und legen Sie diese auf das Backblech.
6. Legen Sie ein kleines Quadrat aus Backpapier auf die Tonkugel, um Fingerabdrücke zu vermeiden. Drücken Sie den Ton mit der Hand flach, sodass ein Anhänger entsteht.
7. Ziehen Sie das Backpapier ab und drücken Sie den Karneol in den Ton hinein. Der Ton sollte ein Viertel des Kristalls bedecken. Wenn Ihr Anhänger einen Glanz erhalten soll, als sei er poliert, bemalen Sie den Ton mit dem Kleber.

8. Drücken Sie mit dem Spieß ein Loch in den Anhänger, das einen guten halben Zentimeter vom oberen Ende entfernt sein sollte.
9. Brennen Sie den Anhänger je nach Anleitung auf der Verpackung Ihres Polymer-Tons im Backofen.
10. Meditieren Sie dabei über Ihre Absichten, neue Freunde anzuziehen.
11. Nehmen Sie den Anhänger aus dem Ofen. Sobald er vollständig abgekühlt ist, befestigen Sie ihn an einer Schnur oder Kette. Hängen Sie sich den Anhänger um den Hals oder tragen Sie ihn als Talisman bei sich.

Knotenzauber für mehr Eintracht

Fühlen Sie sich missverstanden oder falsch eingeschätzt? Sind Ihre Beziehungen zu Familie oder Freunden nicht eng genug? Mit diesem aus sechs Strängen bestehenden flachen Knoten können Sie Ihre Verbindung zu Freunden, Familie und anderen geliebten Menschen stärken.

ZEITPUNKT:
An einem Mittwoch, Freitag oder Sonntag oder bei Neumond

DAUER:
45 Minuten

ORT:
Altar

ZUTATEN/WERKZEUGE:
rosafarbene Kerze
Feuerzeug oder Streichhölzer
4 Schnüre, je 20 cm lang
bunte Perlen (optional)
Schere

1. Reinigen Sie Ihren Altar.
2. Zünden Sie die Kerze an und konzentrieren Sie sich auf Ihre Absicht, Bindungen und Beziehungen zu stärken.
3. Nehmen Sie drei Schnüre, falten Sie sie in der Mitte und knoten Sie die vierte Schnur in einer Schlaufe daran fest.
4. Halten Sie drei Schnurenden in der linken und drei in der rechten Hand.
5. Ziehen Sie die Schnur, die sich außen rechts befindet, über die benachbarte Schnur und dann unter die Schnur innen rechts. Nehmen Sie sie in die linke Hand, sodass sie zu der Schnur wird, die innen links liegt. Sie sollten nun vier Schnüre in der linken und zwei in der rechten Hand halten.
6. Fädeln Sie die Schnur außen links unter die benachbarte Schnur, über die dritte Schnur von links und unter die Schnur innen links aus Schritt 5. Nehmen Sie sie in Ihre rechte Hand. Sie sollten nun wieder drei Schnüre in der linken und drei in der rechten Hand halten.
7. Wiederholen Sie die Schritte 5 und 6, bis Sie die gesamte Schnur zusammengeflochten haben. Flechten Sie dabei, falls gewünscht, Perlen ein. Der fertige Zopf sollte ungefähr 15 cm lang sein.

8. Machen Sie am Ende einen weiteren Knoten als Symbol für Ihre Absicht, Beziehungen zu stärken und Eintracht zu fördern. Schneiden Sie alle losen Fäden ab.
9. Meditieren Sie 20 Minuten lang und visualisieren Sie alles, was Sie manifestieren wollen.
10. Tragen Sie diesen Zopf so lange bei sich, wie Sie möchten, um Verbindungen zu stärken und Eintracht zu bewirken.

Zauber zur Heilung eines Zwiespalts

Hatten Sie einen Streit, der eskaliert ist? Möchten Sie einen Zwiespalt zwischen sich und jemandem, der Ihnen wichtig ist, reparieren? Dieser Zauber bewirkt gegenseitiges Einfühlungsvermögen und Vergebung zwischen Parteien, die sich nicht einig sind. Wichtig: Mit diesem Zauber können Sie niemandes Meinung ändern – er funktioniert nur, wenn beide Seiten bereit sind, aufeinander zuzugehen.

ZEITPUNKT:
An einem Dienstag, Mittwoch oder Freitag

DAUER:
30 Minuten

ORT:
Altar

ZUTATEN/WERKZEUGE:
2 quadratische Stoffstücke für jede zu erstellende Puppe
Nähnadel
Garn
Polyester-Füllwatte oder Wattebäusche zum Füllen der Puppen
Fotos aller am Streit beteiligten Personen oder Zettel, auf denen ihre Namen stehen
Bleistift
Schere
1 TL Lavendel
1 TL Gewürznelken
1 TL Katzenminze
Feuerzeug oder Streichhölzer
blaue Kerze
1 EL Honig oder Stück Schnur

1. Reinigen Sie Ihren Altar.
2. Reinigen Sie Stoff, Nadel, Garn und Füllung.
3. Legen Sie die Fotos aller am Streit beteiligten Personen auf Ihren Altar.
4. Skizzieren Sie die Umrisse der Vorder- und Rückseite der ersten Puppe auf die beiden Stoffstücke und schneiden Sie die Formen mit der Schere aus.
5. Legen Sie die beiden Stoffstücke so aufeinander, dass die linken Seiten nach außen zeigen. Dann nähen Sie die Stücke zu einer Puppe zusam-

men. Lassen Sie ein paar Zentimeter offen und drehen Sie die Puppe auf links, damit man die Naht nicht sieht.

6. Wiederholen Sie die Schritte 4 und 5 und erstellen Sie für jede an dem Streit beteiligte Person eine Stoffpuppe.
7. Füllen Sie die Puppen mit der Watte und mit Lavendel, Gewürznelken und Katzenminze.
8. Nähen Sie die Öffnungen der Puppen zu und legen Sie sie auf Ihren Altar.
9. Zünden Sie die Kerze an und meditieren Sie 5 Minuten lang über Ihre Absichten.
10. Stapeln Sie die Puppen übereinander und kleben Sie sie mit Honig zusammen. Honig sorgt für positive Gefühle und beseitigt Konflikte zwischen streitenden Parteien. Wenn Sie keinen Honig verwenden möchten, können Sie die Puppen mit Schnur zusammenbinden.
11. Falls Sie Honig verwenden, bewahren Sie die Puppen in einem luftdichten Behälter auf Ihrem Altar auf, um Insekten fernzuhalten.
12. Lassen Sie sie so lange beieinander, bis der Konflikt beseitigt ist.

Zauber zum Finden eines verlorenen Gegenstands

Spielen Ihnen boshafte Geister einen Streich? Haben Sie etwas verlegt? Mit diesem Zauber können Sie vermisste Gegenstände wiederfinden. Dafür brauchen Sie ein Pendel, das ist ein kleines Gewicht, das an einer Kette oder einem Faden befestigt ist. Diese Wahrsagemethode erfordert Übung und Konzentration – also machen Sie sich keine Sorgen, wenn es nicht beim ersten Versuch klappt.

ZEITPUNKT:
An einem Donnerstag oder bei Vollmond oder Neumond

DAUER:
15 Minuten

ORT:
Altar

ZUTATEN/WERKZEUGE:
Draht
Metallkette oder Schnur
Bergkristall
Drahtschneider
Stift und Papier
Feuerzeug oder Streichhölzer
braune Kerze

1. Reinigen Sie Ihren Altar.
2. Basteln Sie ein Pendel aus Draht, einer Metallkette und einem Bergkristall. Umwickeln Sie dazu den Kristall mit dem Draht und wickeln Sie den Draht dabei in mehreren Schichten fest um den Kristall herum, damit der Kristall nicht herausrutscht. Zum Schluss drehen Sie das Drahtende zu einer Schlaufe zusammen. Schneiden Sie überschüssigen Draht ab und ziehen Sie die Metallkette oder Schnur durch die Schlaufe. Falls Sie ein vorgefertigtes Pendel besitzen, können Sie auch dieses verwenden.
3. Programmieren Sie Ihr Pendel, indem Sie ihm Fragen stellen, auf die Sie die Antworten wissen. Klären Sie Ihren Geist von allen Gedanken, halten Sie das obere Ende des Pendels zwischen Daumen und Zeigefinger und lassen Sie das Pendel hin und her schwingen. Dann legen Sie die Bedeutung fest: Schwingen von Ost nach West bedeutet Ja, von Nord nach Süd bedeutet Nein, und ein Kreis bedeutet Vielleicht. Während Sie die Fragen stellen, lassen Sie das Pendel in die Richtung der Antworten schwingen.

4. Zeichnen Sie einen groben Grundriss Ihrer Wohnung oder Ihres Hauses.
5. Zünden Sie die Kerze an.
6. Halten Sie das Pendel in den Händen und laden Sie es mit Ihren Absichten auf. Visualisieren Sie den verlorenen Gegenstand.
7. Halten Sie das Pendel über den Grundriss und beginnen Sie, ihm Fragen zu stellen, zum Beispiel: »Befindet mein Gegenstand sich in der Küche?« Wiederholen Sie diese Frage für jeden Raum Ihres Zuhauses. Notieren Sie die Antworten, die das Pendel Ihnen gibt, und orientieren Sie sich bei der Suche nach dem verlorenen Gegenstand daran.

KAPITEL 7

GESUNDHEIT UND HEILUNG

Gesundheits- und Heilzauber sollen Ihnen helfen, Krankheiten zu bekämpfen und Ihre geistige und körperliche Energie wiederherzustellen. Bei den Zaubern in diesem Kapitel geht es darum, durch Manipulation von Energie Veränderungen herbeizuführen und Genesung und Erholung zu manifestieren. Dadurch können Sie zwar keinen Krankheiten vorbeugen, aber Ihren Gesundheitszustand verbessern und Ihre Abwehrkräfte stärken. Zusätzlich sollten Sie natürlich auch auf Ihre Gesundheit achten, also zum Beispiel genügend trinken, Obst und Gemüse essen und ausreichend schlafen. Heilzauber wirken nicht sofort; sie brauchen schon ein bisschen Zeit. Also haben Sie Geduld und zweifeln Sie niemals an Ihren magischen Kräften!

Sieben-Tage-Kerzenzauber zur Stärkung Ihrer Gesundheit

Spüren Sie, dass ein grippaler Infekt im Anmarsch ist, oder leiden Sie unter einem hartnäckigen Husten, der einfach nicht weggehen will? Mit diesem Heilkerzen-Zauber können Sie heilende Energie erzeugen und Krankheiten bekämpfen. Dabei werden Sie sich mithilfe einer blauen Kerze revitalisieren und heilen.

ZEITPUNKT:
An einem Mittwoch oder bei zunehmendem Mond

DAUER:
35 Minuten lang am ersten Tag, dann 6 Tage lang täglich 10 Minuten

ORT:
Altar

ZUTATEN/WERKZEUGE:
Messer zum Schnitzen
blaue Stumpenkerze
Gesundheits-Sigille (optional)
Teller
Feuerzeug oder Streichhölzer

1. Reinigen Sie Ihren Altar.
2. Ritzen Sie mit einem Messer das Wort »Gesundheit« in die Kerze ein. Stattdessen können Sie auch eine Gesundheits-Sigille anfertigen und diese in die Kerze ritzen. Befolgen Sie dazu die Anweisungen zur Fertigung einer individuellen Heilungs-Sigille (Seite 187), wobei Sie das Wort »Heilung« durch »Gesundheit« ersetzen.
3. Stellen Sie die Kerze auf einen Teller und zünden Sie sie an. Meditieren Sie 10 Minuten lang über Ihre Absichten, um die Kerze mit heilenden Eigenschaften aufzuladen. Sagen Sie:
   »Ich schicke diese Krankheit in die Flamme. Sie kann mir nichts mehr von meiner Gesundheit nehmen.«
4. Löschen Sie die Kerze.
5. Führen Sie diese Meditation eine Woche lang einmal täglich durch und zünden Sie dabei jedes Mal die Kerze an. Wiederholen Sie diesen Zauber je nach Bedarf.

Heilendes Vollmondwasser

Wasser ist lebensnotwendig. Gibt es einen besseren Weg, mit seinen lebenserhaltenden Eigenschaften in Verbindung zu treten und sie zu ehren, als magisch aufgeladenes Wasser zu trinken? Sie können Ihr Trinkwasser mit verschiedenen Methoden aufladen – bei diesem Zauber verwendet man dazu die Energie des Mondes.

ZEITPUNKT:
Bei Vollmond

DAUER:
15 Minuten, plus eine Nacht zum Aufladen

ORT:
Im Freien oder an einem Fenster, in das Mondlicht hineinfällt

ZUTATEN/WERKZEUGE:
3–5 Quarzkristalle
großes verschließbares Glas voll Wasser

1. Reinigen Sie den Bereich, in dem das Wasser aufgeladen werden soll.
2. Legen Sie die Quarzkristalle um das Glas herum. Sie sollen die Vollmondenergie verstärken.
3. Nehmen Sie das Glas mit dem Wasser in die Hand, schwenken es, und sagen Sie dabei:
   »Wasser des Lebens, lade dich unter der Kraft des Vollmonds auf
   und durchtränke dich mit heilendem Licht.«
4. Laden Sie das Wasser und die Kristalle über Nacht auf.
5. Trinken Sie dieses Wasser am nächsten Tag oder im Laufe des Monats.

Reinigender Lichtzauber

Fühlen Sie sich krank, niedergeschlagen oder erschöpft? Nutzen Sie die Energie der Sonne, um sich von Schmerzen, Leiden oder Krankheiten zu befreien. Dieser Zauber kombiniert die Sonnenenergie mit einem Talisman und einer Kerze, um Ihrer Genesung einen ordentlichen Schub zu geben.

ZEITPUNKT:
An einem Mittwoch bei Sonnenaufgang

DAUER:
15 Minuten

ORT:
Im Freien

ZUTATEN/WERKZEUGE:
gelbe Kerze
1 EL Trägeröl (z. B. Olivenöl)
1 TL getr. Rosmarin
Feuerzeug oder Streichhölzer
Sonnen-Anhänger oder Stein und Permanentmarker

1. Wählen Sie einen Altarplatz im Freien und reinigen Sie ihn in Vorbereitung für Ihren Zauber.
2. Salben Sie die Kerze mit Trägeröl ein und bewegen Sie Ihren Finger dabei an der Kerze hoch, um alles zu verbannen, was Sie loswerden möchten. Achten Sie darauf, dass dabei kein Öl auf den Docht tropft.
3. Bestreuen Sie die Kerze mit dem Rosmarin, um sie mit Eigenschaften der Gesundheit und Heilung zu erfüllen.
4. Zünden Sie die Kerze an und führen Sie Ihren Sonnen-Anhänger durch den Rauch der Flamme. Falls Sie keinen solchen Talisman haben, zeichnen Sie ein Sonnensymbol auf einen Stein.
5. Meditieren Sie und warten Sie darauf, dass die Sonne über Ihren Absichten aufgeht, damit Sie sich ihr reinigendes Licht zunutze machen können.

Heilendes Baderitual

Haben Sie eine Erkältung, die nicht weggehen will? Fühlen Sie sich krank vom Stress? Mit diesem heilenden Baderitual können Sie Ihrem Körper einen Neustart ermöglichen und ihm eine Chance zur Heilung geben. Bei diesem Zauber verwenden Sie Bittersalz und die heilende Energie einer blauen Kerze, um Ihren Körper zu entspannen.

ZEITPUNKT:
An einem Mittwoch oder bei Vollmond

DAUER:
30 Minuten

ORT:
Badezimmer

ZUTATEN/WERKZEUGE:
240 g Bittersalz
3 Tropfen ätherisches Eukalyptusöl
3 Tropfen ätherisches Pfefferminzöl
Feuerzeug oder Streichhölzer
blaue Stumpenkerze

1. Reinigen Sie Ihr Badezimmer.
2. Füllen Sie Ihre Badewanne mit warmem oder heißem Wasser und geben Sie das Bittersalz und die ätherischen Öle hinein.
3. Während die Wanne vollläuft, zünden Sie die Kerze an und stellen sie an einem sicheren Ort in der Nähe auf.
4. Baden Sie 20 Minuten lang in dem Wasser. Konzentrieren Sie Ihre Energie darauf, was Sie heilen möchten. Spüren Sie, wie das mit dem Salz und den Ölen angereicherte Badewasser Ihren Körper mit Energie versorgt.
5. Nach 20 Minuten lassen Sie das Wasser ablaufen und blasen die Kerze aus.

Genesungs-Flammenzauber

Sind Sie erschöpft? Fühlen Sie sich geistig, körperlich oder emotional unausgeglichen? Mit diesem Zauber können Sie Ihre Müdigkeit, Erschöpfung oder Abgeschlagenheit mithilfe des Elements Feuer wegbrennen (oder einen geliebten Menschen davon heilen).

ZEITPUNKT:
An einem Mittwoch

DAUER:
15 Minuten pro Tag für die gesamte Dauer des Zaubers

ORT:
Altar

ZUTATEN/WERKZEUGE:
Foto des Menschen, der Heilung benötigt
Permanentmarker
feuerfester Teller
blaue Votivkerze
1 TL gem. Salbei
Feuerzeug oder Streichhölzer

1. Reinigen Sie Ihren Altar.
2. Umkringeln Sie auf dem Foto der kranken Person mit einem Permanentmarker die Bereiche, die heilende Energie benötigen. Bei geistiger Erschöpfung kreisen Sie den Kopf ein, bei emotionaler Erschöpfung das Herz und so weiter.
3. Legen Sie das Foto auf einen feuerfesten Teller und stellen Sie die Kerze darauf.
4. Streuen Sie den Salbei auf die Kerze, während Sie Energie erzeugen.
5. Zünden Sie die Kerze an und lassen Sie sie 15 Minuten lang brennen. Schließen Sie die Augen und konzentrieren Sie sich auf Heilung und Genesung.
6. Wiederholen Sie diesen Zauber täglich, bis die Kerze heruntergebrannt ist.

Zaubersäckchen »Schlaf dich gesund«

Sind Sie so krank, dass Sie nicht genügend Energie aufbringen können, um sich selbst zu heilen? Dann werden Sie einfach im Schlaf gesund. Dieses Kräutersäckchen lässt sich schnell und einfach herstellen, und Sie können in aller Ruhe schlafen, während es seine magischen Kräfte entfaltet und Ihre Beschwerden absorbiert.

ZEITPUNKT:
An einem Mittwoch oder bei abnehmendem Mond

DAUER:
10 Minuten, plus über Nacht

ORT:
Altar

ZUTATEN/WERKZEUGE:
20 × 20 cm großes Quadrat aus blauem Stoff
2 TL getr. Kamille
2 TL Sandelholzspäne
2 TL Cayennepfeffer
2 TL getr. Rosmarin
blaue Schnur

1. Reinigen Sie Ihren Altar.
2. Breiten Sie das Tuch aus. Legen Sie Kamille, Sandelholzspäne, Cayennepfeffer und Rosmarin der Reihe nach auf das Tuch und sagen Sie dabei:
   »Ich bin stärker, als ich denke,
   und mit diesem Zauber
   werde ich im Schlaf wieder gesund.«

3. Heben Sie die vier Ecken des Tuchs an und binden Sie sie mit einer Schnur fest zusammen, um das Säckchen zu verschließen. Stellen Sie sich dabei die Energien der Zutaten vor.
4. Bevor Sie zu Bett gehen, atmen Sie den Duft des Kräutersäckchens ein und visualisieren, wie Ihr Körper sich selbst heilt. Legen Sie das Säckchen nachts neben sich oder unter Ihr Kopfkissen.
5. Wiederholen Sie Schritt 4 nachts immer dann, wenn Sie krank sind.

Heilender Mond-Talisman

Lassen Sie sich von der Energie des Vollmonds heilen. Bei diesem Zauber werden Sie eine mit Energie aufgeladene Halskette erstellen, die Heilungsprozesse fördert. Wenn ihre Kette aus den Materialien Kristall oder Holz besteht, verstärkt dies die Kraft dieses Zaubers zusätzlich. Falls Sie keine Halskette haben, können Sie ein Stück Holz oder Kristall an einem Draht befestigen, und daraus eine Kette mit Anhänger erstellen.

ZEITPUNKT:
Bei Vollmond

DAUER:
15 Minuten, plus über Nacht

ORT:
Altar

ZUTATEN/WERKZEUGE:
weiße oder blaue Votiv- oder Stumpenkerze
2 Tropfen ätherisches Eukalyptusöl
Feuerzeug oder Streichhölzer
Halskette (oder Anhänger) aus Holz oder Kristall

1. Reinigen Sie Ihren Altar.
2. Salben Sie die Kerze mit dem ätherischen Eukalyptusöl. Achten Sie darauf, dass dabei kein Öl auf den Docht tropft.
3. Zünden Sie die Kerze an und konzentrieren Sie sich darauf, heilende Energie zu visualisieren.
4. Ziehen Sie die Kette durch die Wärme des Rauchs und sagen Sie:
   »Halskette, die ich mit heilendem Licht erfülle,
   lade dich unter der Kraft des Vollmonds auf
   und schütze mich nach dieser Nacht vor Krankheit.«
5. Halten Sie die Kette in den Händen und spüren Sie, wie Ihre Energie sich dabei mit der Energie der Kette vermischt. Tragen Sie diese Halskette immer dann, wenn Sie heilende Energie benötigen.
6. Löschen Sie die Kerze und legen Sie den Talisman auf eine Fensterbank, auf die das Mondlicht scheint.
7. Laden Sie Ihren Talisman bei jedem Vollmond wieder neu auf.

Körperbutter für mehr Vitalität

Mit dieser heilenden Körperbutter können Sie Ihren Körper nach einer Krankheit oder einem Leiden wieder in Schwung bringen. Sie hilft bei Schmerzen, Prellungen, Schürfwunden, trockener Haut oder Ausschlag und eignet sich auch hervorragend als Geschenk für Freunde und Angehörige.

ZEITPUNKT:
An einem Mittwoch oder bei Neumond

DAUER:
1 Stunde und 40 Minuten

ORT:
Küche

ZUTATEN/WERKZEUGE:
Wasserbad-Topf oder 1 kleiner und 1 mittelgroßer Topf und eine Keramikschale
220 g Shea- oder Kakaobutter
120 ml Kokosöl
120 ml Trägeröl (z. B. Mandelöl)
20 Tropfen ätherisches Lavendelöl
Handmixer oder Schneebesen
mittelgroßes Glas mit Deckel

1. Reinigen Sie Ihre Arbeitsfläche in der Küche.
2. Erhitzen Sie einen Wasserbad-Topf bei mittlerer Hitze auf dem Herd oder füllen Sie einen mittelgroßen Topf mit Wasser und legen eine Auflaufform oder Keramikschale umgedreht hinein, sodass der Boden der Schale einen guten Zentimeter aus dem Wasser herausragt. Stellen Sie einen kleineren Topf auf die umgedrehte Schale. Der Topf darf nicht mit dem Wasser in Berührung kommen.
3. Geben Sie Sheabutter, Kokosöl und Trägeröl in den Wasserbad-Topf oder in den kleinen Topf und rühren Sie so lange, bis alle Zutaten geschmolzen sind. Lassen Sie die Mischung 1 Minute lang abkühlen.
4. Rühren Sie das Lavendelöl ein und konzentrieren Sie sich dabei auf Ihre Absichten. Stellen Sie die Mischung für 1 Stunde in den Kühlschrank.
5. Anschließend nehmen Sie sie aus dem Kühlschrank und schlagen sie mit einem Handmixer oder Schneebesen schaumig. Stellen Sie die Mischung wieder für 15 Minuten in den Kühlschrank, damit sie fest wird.
6. Geben Sie sie in das Glas und lagern Sie sie bei circa 25 °C.

Befreiendes Eukalyptusöl

Befreien Sie sich mit diesem Kräuteröl-Balsam von Husten, Schleim und Erkältungen. Für diesen einfachen, schnellen Zauber wird Eukalyptus – ein beliebtes Mittel gegen Erkältungen und Atemwegsbeschwerden – verwendet. Wenn Sie eine empfindliche Haut haben, testen Sie das Öl zuerst an einer kleinen Stelle.

ZEITPUNKT:
An einem Mittwoch oder bei Neumond oder zunehmendem Mond

DAUER:
20 Minuten

ORT:
Küche

ZUTATEN/WERKZEUGE:
2 EL Kokosöl
45-ml-Glas mit Deckel
6 Tropfen ätherisches Eukalyptusöl

1. Reinigen Sie Ihre Arbeitsfläche in der Küche.
2. Geben Sie das Kokosöl in ein Glas. Wenn das Öl fest ist, erhitzen Sie es auf niedriger Stufe in 10-Sekunden-Intervallen in der Mikrowelle, bis es geschmolzen ist; aber achten Sie darauf, es nicht zum Kochen zu bringen.
3. Dann geben Sie das Eukalyptusöl in das Glas und konzentrieren sich dabei auf Ihre Absichten.
4. Rühren Sie die Mischung um und sagen Sie:
   »Mit diesen Ölen fülle ich
   meine Brust mit heilender Energie.
   Befreit mich von Husten und Schleim.«
5. Lassen Sie die Mischung im Kühlschrank fest werden.
6. Zur Anwendung tragen Sie ein paar Tropfen auf Ihre Druckpunkte auf.

Erdungszauber gegen Ängste

Bei jedem Menschen kann sich Angst ins Leben schleichen, daher sollte man Wege finden, mit Ängsten umzugehen, bevor sie außer Kontrolle geraten. Sie besitzen bereits die Kraft, die Sie brauchen, um Ihre Ängste im Zaum zu halten. Mit diesem Erdungszauber, für den Sie nur einen Citrin benötigen, können Sie sich diese Kraft erschließen.

ZEITPUNKT:
Jederzeit

ORT:
Altar

DAUER:
15 Minuten

ZUTATEN/WERKZEUGE:
Citrin

1. Reinigen Sie Ihren Altar.
2. Stellen oder setzen Sie sich bequem hin und halten Sie den Citrin in Ihrer dominanten Hand. Schließen Sie die Augen.
3. Atmen Sie tief durch und visualisieren Sie eine Kugel aus heilendem Licht an der Oberseite Ihres Kopfes. Spüren Sie, wie diese Kugel durch Sie hindurchwandert und die Angst aus Ihrem Körper herauszieht, während sie sich ihren Weg bis zum unteren Ende Ihrer Wirbelsäule bahnt.
4. Sobald Sie das Gefühl haben, dass die Kugel all Ihre Ängste absorbiert hat, visualisieren Sie, wie Sie sie aus Ihrem Körper in den Boden hineinfließen lassen.

Neustart-Trank

Haben Sie sich schon einmal eine Neustart-Taste für Ihren Körper gewünscht, als Sie krank waren? Bei diesem Neumondzauber werden Sie sich selbst mithilfe eines Blutsteins herunterfahren und sich dann wieder neu starten, sodass Sie Kraft für den kommenden Monat schöpfen.

ZEITPUNKT:
Bei Neumond

DAUER:
30 Minuten

ORT:
Altar oder Küche

ZUTATEN/WERKZEUGE:
1 l destilliertes Wasser oder abgekochtes Wasser (auf Zimmertemperatur abgekühlt)
großes Glas mit Deckel
1 EL getr. Brennnesselblätter
1 EL getr. Eisenkraut
Blutstein
Mulltuch oder Sieb
Tasse zum Trinken (optional)

1. Reinigen Sie Ihren Altar oder Ihre Arbeitsfläche in der Küche.
2. Gießen Sie das Wasser in ein großes Glas.
3. Fügen Sie die Brennnesselblätter und das Eisenkraut hinzu und verschließen Sie das Glas.
4. Legen Sie den Blutstein auf den Deckel des Glases, damit er seine Energie zur Unterstützung Ihres Neustarts in den Trank hineinfließen lassen kann.
5. Schließen Sie in einer Neumondnacht die Augen und konzentrieren Sie sich auf Ihre Absichten.
6. Lassen Sie Ihren Trank über Nacht ziehen.
7. Seihen Sie den Trank über dem Tuch oder dem Sieb ab und trinken Sie ihn oder gießen Sie ihn um Ihr Haus herum auf den Boden, um sich mit der Energie des Neumonds zu umgeben.

Kristallgitter gegen Schmerzen

Schmerz kann in den verschiedensten Formen auftreten – körperlich, seelisch und emotional. Dank ihrer heilenden und regenerierenden Energie können Kristalle Ihnen helfen, Schmerzen besser zu bewältigen. Für dieses Heilgitter verwendet man verschiedene Kristalle mit heilenden Eigenschaften.

ZEITPUNKT:
Bei Neumond oder Vollmond

DAUER:
30 Minuten

ORT:
Altar oder im Freien unter dem Mondlicht

ZUTATEN/WERKZEUGE:
Stift und Papier
4 Bergkristalle
3 Citrine
3 Türkise
3 Peridote
Zauberstab oder Athame

1. Reinigen Sie Ihren Altar oder Außenbereich.
2. Zeichnen Sie eine Gitterform vor, die sich für Sie richtig anfühlt. Legen Sie die Kristalle vorläufig noch nicht in dieses Gitter hinein – das tun Sie erst in Schritt 4.
3. Halten Sie die Kristalle in den Händen und visualisieren Sie, wie Ihre Energie und Ihre Absichten in sie hineinfließen. Sprechen Sie dabei eine Affirmation vor sich hin, zum Beispiel:
   »Ich lade diese Kristalle auf, um meinen Schmerz zu heilen und zu absorbieren.«
4. Dann legen Sie die Kristalle in dem Gittermuster aus, das Sie in Schritt 2 entworfen haben. Beginnen Sie mit einem großen Kristall in der Mitte und arbeiten Sie sich dann nach außen vor.
5. Aktivieren Sie das Gitter mit Ihrem Zauberstab oder Athame. Konzentrieren Sie Ihre Energie darauf, die Kristalle miteinander zu verbinden, und sagen Sie dabei:
   »Ich verbinde dieses Gitter, um Schmerzen zu verbannen und mich vor Leid zu schützen.«
6. Dann lehnen Sie sich zurück, schließen die Augen und meditieren 15 Minuten lang über Ihre Absichten.

7. Lassen Sie Ihr Gitter so lange an seinem Platz liegen, wie es aktiv bleiben soll. Verbinden Sie die einzelnen Kristalle alle paar Tage erneut miteinander und sprechen Sie Ihre Absichten dabei laut aus.

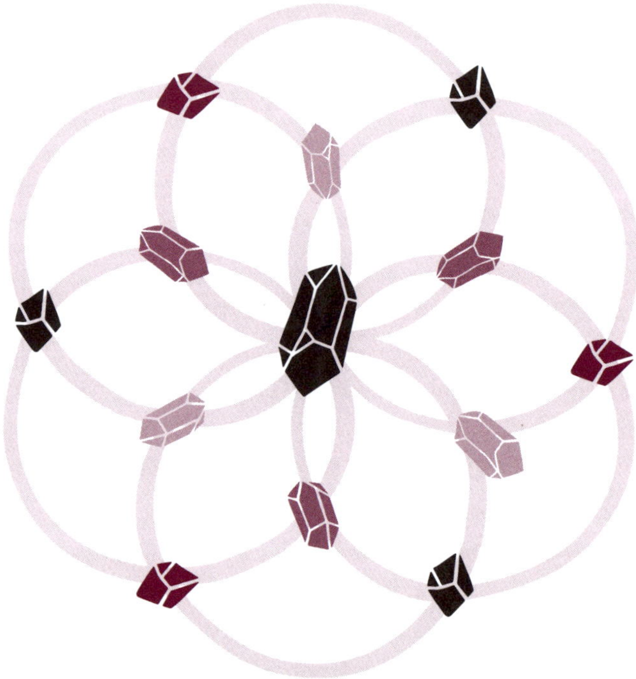

Heilender Puppenzauber

Puppen sind ein Werkzeug aus der sympathetischen Magie (Analogiezauber) und eignen sich daher hervorragend zur Anwendung in Kombination mit gesundheitlichen Vorbeugungsmaßnahmen oder Therapien, die der Arzt Ihnen verschrieben hat. Eine Puppe kann eine Verbindung zu Ihnen herstellen und Sie auf diese Weise bei der Erreichung Ihrer Absichten unterstützen. Sie können mit dieser Puppe aber auch den Heilungsprozess bei einem Ihnen nahestehenden Menschen anregen.

ZEITPUNKT:
An einem Sonntag oder bei Neu- oder Vollmond

DAUER:
30 Minuten

ORT:
Altar

ZUTATEN/WERKZEUGE:
2 quadratische blaue Stoffstücke
Nähnadel
Faden
Polyester-Füllwatte oder Wattebäusche zum Füllen der Puppe
Bleistift
Schere
1 TL getr. Zitronenmelisse
1 TL getr. Ringelblume
1 TL schwarzer Pfeffer
kleiner Gegenstand, der Ihnen gehört

1. Reinigen Sie Ihren Altar.
2. Reinigen Sie Stoff, Nadel, Faden und Füllung.
3. Skizzieren Sie die Umrisse der Vorder- und Rückseite Ihrer Puppe auf die beiden Stoffstücke und schneiden Sie die Formen mit der Schere aus.
4. Legen Sie die beiden Stoffstücke so aufeinander, dass die linken Seiten nach außen zeigen. Dann nähen Sie die Stoffstücke zu einer Puppe zusammen. Lassen Sie ein paar Zentimeter offen und drehen Sie die Puppe auf links, damit man die Naht nicht sieht.
5. Füllen Sie die Puppe mit der Watte und mit Zitronenmelisse, Ringelblume und schwarzem Pfeffer. Laden Sie jedes Element mit Energie auf, während Sie es hinzufügen.
6. Legen Sie noch einen persönlichen Gegenstand hinein, der die Puppe an Sie bindet. Das kann zum Beispiel eine Haarsträhne, eine alte Haar-

klammer oder Schleife oder irgendetwas anderes sein, was Sie benutzt haben. Dann nähen Sie die Puppe zu.

7. Legen Sie die Puppe auf Ihren Altar und konzentrieren Sie Ihre Energie auf den Bereich Ihres Körpers, den Sie heilen möchten. Spüren Sie, wie Ihre Energie sich um diesen Teil der Puppe herumlegt. Versetzen Sie sich für 10 Minuten in einen tranceähnlichen Zustand und sagen Sie:
   »Heilendes Licht, umhülle den kranken Körperteil
   und schenke ihm wieder neue Energie.«
8. Wiederholen Sie Schritt 7 immer dann, wenn Sie heilende Energie benötigen.

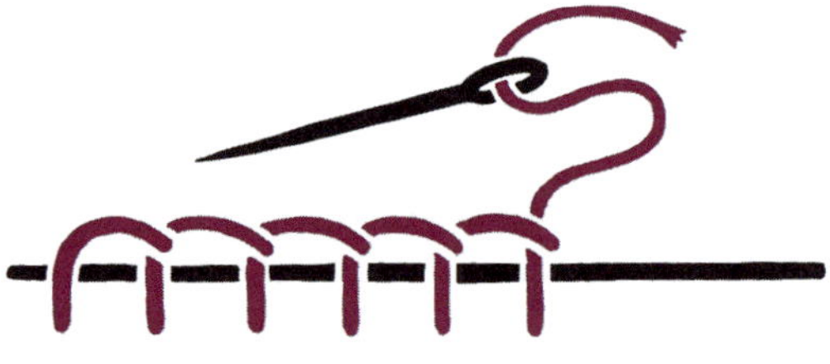

Spiegel-Heilzauber

Ein Spiegel kann Ihren Heilzaubern einen zusätzlichen kleinen Energieschub geben. Bei diesem Zauber werden Sie mit einem Spiegel, Kristallen, einer blauen Kerze und ätherischem Rosmarinöl heilende Energie für sich oder einen geliebten Menschen erzeugen.

ZEITPUNKT:
Bei Vollmond

DAUER:
35 Minuten

ORT:
Altar

ZUTATEN/WERKZEUGE:
Handspiegel
großer feuerfester Teller
Stift und Papier
blaue Stumpenkerze
3 Tropfen ätherisches Rosmarinöl
4 Quarzkristalle oder andere Heilsteine
Feuerzeug oder Streichhölzer
Athame oder Zauberstab

1. Reinigen Sie Ihren Altar.
2. Legen Sie Ihren Spiegel mit der Vorderseite nach oben auf einen großen feuerfesten Teller und stellen Sie diesen auf Ihren Altar.
3. Schreiben Sie den Namen der Person, die Heilung benötigt, auf ein Blatt Papier.
4. Legen Sie das Blatt auf den Spiegel. Wenn nötig, falten Sie es zusammen, damit es darauf passt.
5. Stellen Sie die Kerze auf das Papier und den Spiegel. Salben Sie die Kerze mit ätherischem Rosmarinöl und konzentrieren Sie sich auf Ihre Absichten. Achten Sie darauf, dass kein Öl auf den Docht tropft.
6. Legen Sie die Quarzkristalle rautenförmig um den Spiegel mit dem Papier und der Kerze herum, und zwar so, dass sie nach Norden, Süden, Osten und Westen zeigen und die vier Elemente ehren.
7. Zünden Sie die Kerze an und meditieren Sie 10 Minuten lang über Ihre Wünsche und Absichten.
8. Schlagen Sie die Augen auf. Zeigen Sie mit einem Zauberstab oder Athame auf Ihre Kristalle und bewegen Sie den Stab dabei im Uhrzeigersinn von Kristall zu Kristall. Sagen Sie:

»Mit dieser Kerze vertreibe ich
alle Krankheiten und Ängste.
Mit diesen Kristallen verbinde ich mich
und verbanne heute Nacht alle Leiden.
Mit diesem Spiegel dehne ich mich aus
und verstärke die heilende Energie, die mir zu Gebote steht.«

9. Lassen Sie die Kerze brennen, während Sie 20 Minuten lang über Ihre Absichten meditieren und die Energie für Ihren Zauber erhöhen. Lassen Sie das Kerzenwachs auf Papier und Spiegel tropfen.
10. Vergraben Sie Ihre Kerze und das Blatt Papier in der Erde.

Fernheilungszauber

Wenn Sie weit von zu Hause oder einem Ihnen nahestehenden Menschen entfernt sind, der Heilung braucht, können Sie es mit Fernheilung versuchen. Die Methode, mit der wir bei diesem Zauber arbeiten, wird manchmal auch Energiemedizin oder Reiki genannt. Man kann den Zauber mit Kristallstäben oder Handschmeichlern durchführen.

ZEITPUNKT:
An einem Mittwoch oder bei zunehmendem Mond

DAUER:
45 Minuten

ORT:
Überall, wo Sie es sich bequem machen können

ZUTATEN/WERKZEUGE:
Kopf- oder Meditationskissen (optional)
Feuerzeug oder Streichhölzer
violette Kerze
Kristallstab (verwenden Sie dafür Bergkristall, Rosenquarz oder Selenit)

1. Reinigen Sie den Raum, in dem Sie die Fernheilung durchführen möchten.
2. Wenn Sie ein Kissen haben, setzen Sie sich darauf, um es bequem zu haben.
3. Zünden Sie die Kerze an, um Ihre übersinnlichen Fähigkeiten zu stärken und sich auf Ihre Heilungsabsicht konzentrieren zu können.
4. Halten Sie den Kristallstab locker in Ihrer dominanten Hand und treten Sie mit seiner Energie in Verbindung. Öffnen Sie Ihre andere Hand so, dass die Handfläche nach oben zeigt.
5. Schließen Sie die Augen und atmen Sie tief durch, bis Sie einen meditativen Zustand erreicht haben.
6. Kanalisieren Sie Ihre Energie und schieben und ziehen Sie so lange daran, bis Sie sie in die Richtung des Kristalls bewegen können. Lassen Sie Ihre Energie mit der Kristallenergie in Verbindung treten.
7. Stellen Sie sich den Menschen vor, dem Sie heilende Energie senden möchten.

8. Bewegen Sie den Zauberstab hin und her und visualisieren Sie, wie die heilende Energie diese Person durchströmt. Konzentrieren Sie sich auf Ihre Absichten.
9. Zum Schluss erden Sie überschüssige Energie und atmen tief durch, bis Sie spüren, wie Ihre Energie sich wieder zentriert.

Individuelle Heilungs-Sigille

Diese Heilungs-Sigille können Sie für die verschiedensten Heilungszauber verwenden. Sie können sie zum Beispiel in Heilkerzen hineinschnitzen, auf Steine malen oder auf Puppen oder Zauberbeutel nähen. Machen Sie sich keine Gedanken darüber, ob Ihre Sigille perfekt aussieht – es kommt nur darauf an, dass sie ganz auf Sie persönlich zugeschnitten ist.

ZEITPUNKT:
An einem Mittwoch oder bei Neumond

DAUER:
10 Minuten

ORT:
Altar

ZUTATEN/WERKZEUGE:
blauer Permanentmarker
Blatt Papier
flacher Stein oder Stück Holz (optional)
Lavendel-Räucherwerk oder Besen (optional)

1. Reinigen Sie Ihren Altar.
2. Konzentrieren Sie sich auf Ihre Absichten. Schreiben Sie das Wort »Heilung« oder ein ähnliches Wort auf ein Blatt Papier.
3. Zerlegen Sie die Buchstaben des Wortes in ihre Grundstriche (beispielsweise Kurven, Punkte, Querstriche und Linien). Zeichnen Sie diese Striche unter das Wort auf dasselbe Blatt Papier.
4. Verbinden Sie die Striche auf diesem Blatt Papier so miteinander, dass sie den Umriss einer Figur bilden. Diese Form ist Ihre Heilungs-Sigille.
5. Übertragen Sie Ihre Heilungs-Sigille, die nun mit Ihren verschlüsselten Absichten aufgeladen ist, wiederum auf dasselbe Papier.
6. Um einen Talisman mit Ihrer Heilungs-Sigille herzustellen, zeichnen Sie die Sigille auf einen Stein oder ein Stück Holz. Zünden Sie das Räucherwerk an und reinigen Sie Ihren Talisman, indem Sie ihn durch den Rauch ziehen. Stattdessen können Sie ihn auch mit einem Besen reinigen. Halten Sie den Talisman in Ihren Händen und konzentrieren Sie sich auf Ihre Absichten, um ihn für den Gebrauch zu weihen und zu aktivieren.

Zaubersäckchen mit heilender Energie

Dieses Zaubersäckchen können Sie für physische, emotionale oder spirituelle Heilungszwecke verwenden, wann immer Sie das Gefühl haben, einen Energieschub zu brauchen. Für diesen Zauber verwendet man die Farbe Blau, die mit Heilung assoziiert wird: Sie findet sich im Stoff des Beutels, im Teelicht und in dem Kristall.

ZEITPUNKT:
An einem Montag oder Sonntag

DAUER:
3 bis 5 Stunden, je nach Brenndauer des Teelichts

ORT:
Altar

ZUTATEN/WERKZEUGE:
2 quadratische blaue Stoffstücke, je 13 × 13 cm groß
Nähnadel
blauer Faden
Feuerzeug oder Streichhölzer
blaues Teelicht
4 Gewürznelken
4 frische Rosenblütenblätter
1 blauer Kristall oder Stein Ihrer Wahl (falls Sie keinen blauen Stein haben, verwenden Sie stattdessen einen Bergkristall)

1. Reinigen Sie Ihren Altar.
2. Legen Sie die beiden Stoffquadrate so aufeinander, dass die linken Seiten nach außen zeigen.
3. Nähen Sie die Quadrate mit Nadel und Faden zusammen, sodass ein Säckchen entsteht. Lassen Sie dabei ein paar Zentimeter offen, sodass Sie das Säckchen später auf die richtige Seite drehen können, damit man die Naht nicht sieht.
4. Zünden Sie das Teelicht an. Sitzen Sie ruhig da und stellen Sie sich vor, dass es Ihnen gut geht.
5. Stecken Sie die Gewürznelken, die Rosenblütenblätter und den Kristall der Reihe nach in das Säckchen und sagen Sie dabei:
   »Mit diesen Nelken heile ich.
   Mit diesen Rosenblütenblättern heile ich.
   Mit diesem Stein heile ich.«

6. Nähen Sie die letzten Zentimeter zu, um Ihre Absichten in dem Zaubersäckchen zu verschließen.
7. Schließen Sie die Augen und visualisieren Sie, wie eine blaue heilende Energie aus dem Beutel aufsteigt und Ihren Körper einhüllt.
8. Lassen Sie das Teelicht entweder ausbrennen oder löschen Sie es und spüren Sie, wie es Ihre Krankheit mit sich wegnimmt. Verwenden Sie dieses Teelicht für nichts anderes.

KAPITEL 8

SCHUTZ UND VERGEBUNG

Egal, ob Sie eine neue oder erfahrene Hexe sind – es ist auf jeden Fall wichtig, Schutz- und Vergebungszauber zu erlernen: Mit Schutzmagie, einer der ältesten Formen der Zauberei, können wir uns verteidigen; und Vergebungsmagie bietet uns die Möglichkeit, in der Gegenwart zu leben und inneren Frieden zu finden. Diese beiden Magieformen gehen Hand in Hand, denn sie geben uns ein Gefühl der Sicherheit. Durch die Zauber in diesem Kapitel werden Sie lernen, sich selbst, Ihr Zuhause und die Menschen um sich herum zu schützen und in Frieden zu leben.

Schützender Hausreinigungszauber

Schutz beginnt in Ihrem eigenen Zuhause. Mit diesem Reinigungszauber können Sie Ihr Heim vor bösen Geistern, unerwünschter Aufmerksamkeit und anderem Unheil schützen. Um seine Wirksamkeit zu gewährleisten, sollten Sie ihn zu Beginn jeder Jahreszeit wiederholen.

ZEITPUNKT:
An einem Samstag oder bei dunklem Mond

DAUER:
10 Minuten, plus Reinigungszeit

ORT:
Küche

ZUTATEN/WERKZEUGE:
1 l Wasser
großer Topf
Eimer
240 ml weißer Essig
12 Tropfen ätherisches Bergamottöl
12 Tropfen ätherisches Geranienöl
Lappen

1. Reinigen Sie Ihre Arbeitsfläche in der Küche.
2. Bringen Sie das Wasser in einem großen Topf zum Kochen, um es von Verunreinigungen zu befreien. Gießen Sie das gereinigte Wasser in einen sauberen Eimer.
3. Geben Sie den weißen Essig dazu.
4. Konzentrieren Sie sich auf Ihre Absichten und geben Sie die ätherischen Öle in das Wasser.
5. Rühren Sie dreimal um und sagen Sie dabei:
   »Dreimal herum,
   schütze die Wände und den Boden
   meines Zuhauses.«
6. Putzen Sie die Fenster und Türen Ihrer Wohnung oder Ihres Hauses mit diesem verzauberten Wasser.

Salz zum Schutz Ihrer Grenzen

Haben Sie das Gefühl, dass Ihre Grenzen von unerwünschten Energien oder Geistwesen überschritten werden? Dann ergreifen Sie die Initiative und überwinden Sie Ihre Angst mit diesem Salz zum Schutz Ihrer Grenzen. Mit diesem Zauber können Sie eine Barriere rund um Ihr Haus errichten, um sich vor dem Eindringen unerwünschter Mächte zu schützen.

ZEITPUNKT:
An einem Samstag oder bei Neumond

DAUER:
15 Minuten, plus Zeit zum Verstreuen des Salzes

ORT:
Altar oder Küche

ZUTATEN/WERKZEUGE:
270 g Kochsalz
360-ml-Glas mit Deckel
1 TL getr. Basilikum
1 TL gem. Gewürznelken
1 TL gem. Kreuzkümmel
1 TL schwarzer Pfeffer
1 TL Asche von einem der vorherigen Zauber

1. Reinigen Sie Ihren Altar oder Ihre Arbeitsfläche in der Küche.
2. Geben Sie das Salz in Ihr Glas.
3. Dann fügen Sie Basilikum, Gewürznelken, Kreuzkümmel, schwarzen Pfeffer und Asche hinzu und sagen dabei:
   »Basilikum zur Verteidigung,
   Nelken zum Schutz,
   Kreuzkümmel zur Abschirmung,
   Pfeffer als Schild,
   Asche als Hüter.«
4. Schließen Sie dann das Glas und schütteln Sie es, um die Zutaten miteinander zu vermischen.
5. Verstreuen Sie die Salzmischung in einer lückenlosen Linie rund um Ihr Haus herum. Überprüfen Sie dabei immer wieder, ob die Salzlinie auch wirklich nirgends Lücken aufweist. Sobald sie an irgendeiner Stelle durchbrochen wird, wiederholen Sie den Zauber.

Schutzamulett

Ein Schutzamulett kann ihre körpereigenen Abwehrkräfte stärken. Bei diesem Zauber machen wir uns die schützenden Assoziationen der Farbe Schwarz (oder Braun) und die Schutzwirkung von Kreuzkümmel zunutze. Tragen Sie dieses Amulett bei sich oder schenken Sie es jemandem, den Sie beschützen möchten.

ZEITPUNKT:
An einem Samstag oder bei Vollmond

DAUER:
15 Minuten

ORT:
Altar

ZUTATEN/WERKZEUGE:
1 Prise Kreuzkümmel
schwarze oder braune Votivkerze
Feuerzeug oder Streichhölzer
Halskette oder Amulett

1. Reinigen Sie Ihren Altar.
2. Streuen Sie den Kreuzkümmel auf das obere Ende der Kerze.
3. Zünden Sie die Kerze an und visualisieren Sie ihre schützenden Eigenschaften.
4. Ziehen Sie die Halskette oder das Amulett durch den Kerzenrauch und sagen Sie dabei:
   »Schützende Kette,
   lade dich mit meiner Absicht auf
   und schirme mich ab.«
5. Lassen Sie Ihre Kraft in das Amulett hineinfließen und laden Sie es dadurch auf.
6. Wiederholen Sie den Zauber alle paar Monate mit derselben Kerze, um das Schutzamulett neu aufzuladen.

Schutz-Sigille

Bei diesem Zauber werden Sie eine Sigille entwerfen, die Sie als Inschrift für einen Schutzstein verwenden können. Diese Sigille können Sie auch sehr gut in Kombination mit dem schützenden Wasser aus dem Hausreinigungszauber (Seite 192) verwenden: Tauchen Sie einfach Ihre Finger in das Wasser und zeichnen Sie unsichtbare Schutz-Sigillen auf Ihre Spiegel und Fenster.

ZEITPUNKT:
An einem Samstag oder bei Neumond

DAUER:
10 Minuten

ORT:
Altar

ZUTATEN/WERKZEUGE:
Stift und Papier
schwarzer Permanentmarker
flacher Stein (optional)

1. Reinigen Sie Ihren Altar.
2. Konzentrieren Sie sich auf Ihre Absichten und schreiben Sie das Wort »schützen« auf ein Blatt Papier.
3. Zerlegen Sie die Buchstaben des Wortes in ihre Grundstriche (beispielsweise Kurven, Punkte, Querstriche und Linien). Zeichnen Sie diese Striche unter das Wort auf dasselbe Blatt Papier.
4. Verbinden Sie die Striche auf diesem Blatt so miteinander, dass sie den Umriss einer Figur bilden. Das kann zum Beispiel ein Quadrat, Herz, Kreuz oder Dreieck sein. Legen Sie alle übrig gebliebenen Kreise, Bögen und Striche an den Umrisslinien Ihrer Figur entlang oder außen herum. Diese Figur ist Ihre Schutz-Sigille.
5. Wenn Sie möchten, übertragen Sie diese Schutz-Sigille, die nun mit Ihren verschlüsselten Absichten aufgeladen ist, mit dem Permanentmarker auf einen Stein, den Sie immer bei sich tragen.

Schutzzauber aus Eisen

Dieses wichtige Schutzmetall ist in Hülle und Fülle vorhanden: Eisen gibt es überall auf der Erde und in den Sternen. In der Magie verwendet man es in Form von Nägeln, Hufeisen und Hämatit. Bei diesem Zauber legen Sie Eisen als Opfergabe in die Erde zurück und erhalten dafür Schutz.

ZEITPUNKT:
An einem Samstag oder bei Neumond oder bei zunehmendem Mond

DAUER:
20 Minuten

ORT:
Altar und im Freien

ZUTATEN/WERKZEUGE:
Mörser und Stößel oder Gewürzmühle
1 getr. Lorbeerblatt
1 TL Zimt
1 TL Salz
Holzkohletablette
hitzefeste Schale
Feuerzeug oder Streichhölzer
5 Eisenteile (z. B. Eisennägel oder Hämatitblöcke)

1. Reinigen Sie Ihren Altar.
2. Zermahlen Sie Lorbeerblatt, Zimt und Salz mit Mörser und Stößel oder in einer Gewürzmühle zu einer Räuchermischung und stellen Sie diese beiseite.
3. Dann legen Sie die Holzkohletablette auf eine hitzefeste Schale, zünden sie an und lassen sie so lange brennen, bis sie rot glüht.
4. Streuen Sie eine Prise der Räuchermischung auf die Holzkohletablette.
5. Ziehen Sie die Eisenteile durch den Rauch und konzentrieren Sie sich dabei auf Ihre Absichten.
6. Meditieren Sie 10 Minuten lang und löschen Sie dann die brennende Räuchermischung.
7. Vergraben Sie die aufgeladenen Eisenstücke auf Ihrem Grundstück, um der Erde das Eisen zurückzugeben.

Vergebungs-Baderitual

Vergebung kommt nicht von heute auf morgen – sie ist ein Prozess, der Zeit braucht. Dieses rituelle Bad hilft Ihnen, Traumata, Kummer und Schmerz aus der Vergangenheit loszulassen und Menschen zu verzeihen, die Sie verletzt haben.

ZEITPUNKT:
An einem Sonntag oder Montag oder bei Neumond

DAUER:
45 Minuten

ORT:
Badezimmer

ZUTATEN/WERKZEUGE:
240 g Bittersalz
Feuerzeug oder Streichhölzer
schwarze oder weiße Stumpenkerze
3 Tropfen ätherisches Jasminöl
3 Tropfen ätherisches Kamillenöl

1. Reinigen Sie Ihr Badezimmer.
2. Lassen Sie Ihre Badewanne mit heißem Wasser volllaufen und geben Sie das Bittersalz hinein.
3. Zünden Sie die Kerze an und stellen Sie sie an einem sicheren Ort in der Nähe auf, während Sie sich auf Ihre Absichten konzentrieren.
4. Sobald die Badewanne gefüllt ist, fügen Sie die ätherischen Öle hinzu und steigen in die Wanne.
5. Baden Sie 30 Minuten lang in dem Wasser und visualisieren Sie dabei, dass Ihr ganzer Schmerz und Kummer in Kugeln hineingezogen wird, die Sie dann von Ihrem Körper wegsenden.
6. Nach 30 Minuten lassen Sie das Wasser ablaufen und blasen die Kerze aus.
7. Führen Sie dieses Ritual so oft durch, wie Sie es brauchen.

Segenszauber für die Reise

Sie planen eine Reise mit dem Flugzeug, zu Lande oder zur See? Dann vertreiben Sie Ängste und Sorgen mit diesem Segen, damit Sie auf all Ihren Reisen in Sicherheit sind und nur Positives erleben. Diesen Zauber können Sie auch für Mitreisende wirken, die einen Schutzsegen brauchen.

ZEITPUNKT:
An einem Mittwoch oder bei dunklem Mond oder Vollmond

DAUER:
15 Minuten

ORT:
Altar oder im Freien

ZUTATEN/WERKZEUGE:
Feuerzeug oder Streichhölzer
Holzkohletablette
feuerfester Teller
1 TL getr. Beinwell
1 TL getr. Rosmarin
1 TL getr. Minze
kleine Schüssel
Kristall, der Ihre Reise symbolisiert (z. B. Aquamarin für eine Seereise oder Smaragd für Reisen zu Lande)

1. Reinigen Sie Ihren Altar oder Arbeitsplatz im Freien.
2. Dann legen Sie die Holzkohletablette auf einen feuerfesten Teller, zünden sie an und lassen sie 5 bis 10 Minuten oder so lange brennen, bis sie rot glüht.
3. Vermischen Sie Beinwell, Rosmarin und Minze in einer kleinen Schüssel miteinander.
4. Streuen Sie eine Prise dieser Räuchermischung auf die Holzkohletablette.
5. Ziehen Sie Ihren Kristall durch den Rauch und richten Sie Ihre Absichten auf den Segen und Schutz der Person, die diesen Kristall bei sich trägt.

Vergebungs-Duschtabletten

Anderen Menschen zu verzeihen, ist nicht einfach – so etwas erfordert Mut, aber es macht Sie auch stärker. Die Duschtabletten in diesem Zauber enthalten beruhigende Düfte und ätherische Öle, die Mut machen. Verwenden Sie diese Duschtabletten allein oder in Kombination mit dem Zauber Reinigende Vergebungsdusche (Seite 200).

ZEITPUNKT:
An einem Sonntag oder Mittwoch oder bei Neumond

DAUER:
20 Minuten, plus 24 bis 48 Stunden Zeit zum Trocknen der Tabletten

ORT:
Küche

ZUTATEN/WERKZEUGE:
230 g Natron
135 g Meersalz
mittelgroße Rührschüssel und Löffel
mit Wasser gefüllte Sprühflasche
10 Tropfen ätherisches Lavendelöl
10 Tropfen ätherisches Pfefferminzöl
10 Tropfen ätherisches Rosmarinöl
Silikonförmchen oder Muffinblech

1. Reinigen Sie Ihre Arbeitsfläche in der Küche.
2. Vermischen Sie Natron und Salz in einer Schüssel miteinander.
3. Besprühen Sie den Inhalt der Schüssel mit Wasser und verrühren Sie die Mischung so lange, bis sie eine feuchte, sandige Konsistenz annimmt. Fügen Sie bei Bedarf noch mehr Wasser hinzu.
4. Als Nächstes rühren Sie die ätherischen Öle ein und konzentrieren sich dabei auf Ihre Absichten.
5. Dann füllen Sie die Mischung in Silikonförmchen oder ein Muffinblech, drücken sie fest und lassen sie 24 bis 48 Stunden lang trocknen.
6. Nehmen Sie die trockenen Duschtabletten aus den Förmchen oder dem Blech heraus und bewahren Sie sie in einem verschlossenen Behälter auf.

Reinigende Vergebungsdusche

Verzeihung beginnt in unserem eigenen Inneren. Nur Sie können entscheiden, wann Sie bereit sind, Ihren Groll zu überwinden. Mit diesem Reinigungszauber kommen Sie Ihrem Ziel der Vergebung einen Schritt näher. Bitte beachten Sie, dass man für diesen Zauber fließendes Wasser benötigt und ihn daher nur unter der Dusche durchführen kann.

ZEITPUNKT:
An einem Sonntag oder Mittwoch oder bei Neumond

DAUER:
20 Minuten

ORT:
Badezimmer

ZUTATEN/WERKZEUGE:
Vergebungs-Duschtabletten (Seite 199)
Dusche

1. Reinigen Sie Ihr Bad.
2. Legen Sie eine der Duschtabletten in eine Ecke Ihrer Duschkabine und beginnen Sie, wie gewohnt zu duschen.
3. Sobald Ihnen die Aromen aus der Duschtablette in die Nase steigen, denken Sie an den Menschen, der Ihnen Unrecht getan hat, und an alle Gefühle, die Sie mit ihm und seinem Verhalten assoziieren.
4. Während Sie sich waschen, sagen Sie:
   »Ich wasche den Schmerz weg
   und lasse ihn den Abfluss hinunterfließen;
   ich verzeihe mit Herz und Verstand
   und lasse den Schmerz hinter mir.«

Schutznebel

Für die Herstellung dieses Schutzsprays machen wir uns die reinigende Kraft des Wassers und die schützenden Eigenschaften ätherischer Öle zunutze. Tragen Sie dieses Spray immer bei sich, wenn Sie sich unterwegs abschirmen müssen.

ZEITPUNKT:
An einem Samstag oder bei dunklem Mond

DAUER:
20 Minuten

ORT:
Altar oder Küche

ZUTATEN/WERKZEUGE:
120 ml destilliertes Wasser oder abgekochtes Leitungswasser (auf Zimmertemperatur abgekühlt)
180-ml-Sprühflasche aus Braunglas
4 Tropfen ätherisches Lavendelöl
4 Tropfen ätherisches Salbeiöl
4 Tropfen ätherisches Zedernöl

1. Reinigen Sie Ihren Arbeitsbereich und bereiten Sie ihn auf den Zauber vor.
2. Gießen Sie das Wasser in die Sprühflasche und geben Sie die ätherischen Öle dazu. Verschließen Sie die Flasche und schütteln Sie sie, damit sich die Zutaten miteinander vermischen. Laden Sie den Inhalt der Flasche dabei mit Ihren Absichten auf.
3. Halten Sie die Flasche in den Händen und stellen Sie sich vor, wie Ihre Energie die Flasche umhüllt und in die Flüssigkeit hineinfließt.
4. Schütteln Sie die Flasche vor jedem Gebrauch.

Übersinnlicher Schutzschild

Stecken Sie in einer kniffligen Situation, in der Sie Schutz brauchen? Dann schirmen Sie sich mit diesem einfachen übersinnlichen Schutzschild vor negativer Energie und allem Schlechten ab, das auf Sie zukommt. Dieser Schild kann Ihnen dabei helfen, Ihre Energie vor negativen Einflüssen zu schützen und sich nicht in die Emotionen anderer Leute hineinziehen zu lassen.

ZEITPUNKT:
Jederzeit

DAUER:
10 Minuten

ORT:
Zuerst an Ihrem Altar, später überall

ZUTATEN/WERKZEUGE:
Schutznebel (Seite 201; optional)
Rauchquarz (optional)

1. Reinigen Sie Ihren Altar und Ihre Umgebung. Wenn Sie unterwegs sind, möchten Sie vielleicht zuerst ein bisschen Schutznebel um sich herum versprühen.
2. Setzen Sie sich bequem hin und konzentrieren Sie sich auf Ihre Atmung. Um zusätzliche Energie zu erhalten, können Sie einen Rauchquarz in Ihrer dominanten Hand halten.
3. Konzentrieren Sie sich auf die Energie in Ihrem Inneren. Sobald Sie diese Energie visualisieren können, versuchen Sie, sie so auszudehnen, dass sie Ihren ganzen Körper einschließt und Sie von allen Seiten schützend umgibt. Sie sollte sich so weit ausdehnen, dass sie den Umriss Ihres Körpers auf allen Seiten um ungefähr 2,5 Zentimeter überragt. Stellen Sie sich diesen Schutzschild wie eine Art Blase vor.
4. Verwenden Sie Ihren Schutzschild gegen jede Energie oder Kraft, die von außen auf Sie zuzukommen versucht.
5. Wiederholen Sie diese Schritte je nach Bedarf.

Salböl für die innere Kriegerin

Stärken Sie Ihre innere Kriegerin mit diesem verzauberten Öl, indem Sie damit sich selbst oder Ihre Werkzeuge salben. Dieses Öl bietet Ihnen Schutz vor Unfällen, Angriffen oder negativer Energie. Denken Sie daran, es zuerst an einer kleinen Stelle zu testen, bevor Sie es auf Ihre Haut auftragen.

ZEITPUNKT:
An einem Donnerstag oder bei zunehmendem Mond

DAUER:
15 Minuten

ORT:
Altar

ZUTATEN/WERKZEUGE:
2 EL Trägeröl (z. B. Mandel- oder Jojobaöl)
kleine bernsteinfarbene Roller- oder Tropfflasche
2 Tropfen ätherisches Zedernöl
2 Tropfen ätherisches Geranienöl
2 Tropfen ätherisches Rosmarinöl

1. Reinigen Sie Ihren Altar.
2. Füllen Sie das Trägeröl in die Flasche.
3. Geben Sie nacheinander das Zedern-, Geranien- und Rosmarinöl dazu und sagen Sie:
   »Mit dieser Ölmischung schirme ich mich ab
   und schütze mich vor allen, die mir übelwollen.«
4. Halten Sie die Flasche in den Händen und visualisieren Sie, wie sie von Energie eingehüllt wird. Laden Sie sie mit Ihren Absichten auf.
5. Ihr Öl ist nun verzaubert und einsatzbereit. Tragen Sie es auf Ihre Druckpunkte und auf Werkzeuge, Kerzen oder Gegenstände auf.

Schutz-Kristallgitter

Verstärken Sie Ihre Kraft mithilfe eines Kristallgitters, das Schutzsteine wie beispielsweise Obsidian oder Hämatit enthält. Schwarzer Turmalin, Gagat, Rauchquarz, Fluorit und blauer Kyanit eignen sich ebenfalls.

ZEITPUNKT:
An einem Samstag oder bei dunklem Mond

DAUER:
30 Minuten

ORT:
Altar oder im Freien

ZUTATEN/WERKZEUGE:
Stift und Blatt Papier
4 Obsidiane
3 Hämatite
Zauberstab oder Athame

1. Reinigen Sie Ihren Altar oder Arbeitsbereich im Freien.
2. Zeichnen Sie eine Gitterform vor, die sich für Sie richtig anfühlt. Bei einem Schutzkristall-Gitter können Sie es mit einem Sechseck versuchen. Legen Sie die Kristalle vorläufig noch nicht in Ihre Gitterform hinein – das tun Sie erst in Schritt 4.
3. Halten Sie die Kristalle in den Händen und visualisieren Sie, wie Ihre Energie und Ihre Absichten in sie hineinfließen. Sprechen Sie eine Affirmation Ihrer Wahl vor sich hin, zum Beispiel:
   »Ich lade diese Kristalle auf, um mich zu schützen und abzuschirmen.«
4. Dann legen Sie die Kristalle in dem Gittermuster aus, das Sie in Schritt 2 entworfen haben. Beginnen Sie mit einem Obsidian in der Mitte und arbeiten Sie sich dann nach außen vor.
5. Aktivieren Sie das Gitter mit Ihrem Zauberstab oder Athame. Konzentrieren Sie Ihre Energie darauf, die Kristalle miteinander zu verbinden, und sagen Sie dabei: *»Ich verbinde dieses Gitter, um mich zu schützen und abzuschirmen.«*
6. Dann lehnen Sie sich zurück, schließen die Augen und meditieren 10 Minuten lang über Ihre Absichten.
7. Lassen Sie Ihr Gitter so lange an seinem Platz liegen, wie es aktiv bleiben soll. Verbinden Sie die einzelnen Kristalle alle paar Tage erneut miteinander und sprechen Sie Ihre Absichten dabei laut aus.

Stärkung Ihres Schutzschilds

Die Schaffung eines übersinnlichen Schutzschilds erfordert Mühe, Zeit und Kraft. Dieser Zauber beruht auf dem übersinnlichen Schutzschild (Seite 202), allerdings mit ein paar Variationen. Wenn Sie noch keine Erfahrung im Zaubern haben oder es Ihnen schwerfällt, mit Ihrer Energie zu arbeiten, ist es besonders wichtig, sich dabei mit einem Schutzamulett (Seite 194) und Schutznebel (Seite 201) abzuschirmen.

ZEITPUNKT:
Jederzeit

ORT:
Überall

DAUER:
15 Minuten

ZUTATEN/WERKZEUGE:
Schutznebel (Seite 201; optional)
Schutzamulett (Seite 194) oder ein Kristall

1. Reinigen Sie Ihre Umgebung.
2. Wenn Sie möchten, schirmen Sie sich vor diesem Zauber mit Schutznebel ab.
3. Reinigen Sie das Schutzamulett oder den Kristall, um Energie daraus gewinnen zu können.
4. Dann schließen Sie die Augen, konzentrieren sich auf Ihre Atmung und aktivieren Ihren übersinnlichen Schutzschild.
5. Sobald Sie sich sicher fühlen, dehnen Sie Ihren Schutzschild so weit aus, dass er auf allen Seiten um Armeslänge über die Umrisse Ihres Körpers hinausragt. Üben Sie, diesen Schutzschild mindestens eine Minute lang aufrechtzuerhalten.
6. Praktizieren Sie die Schritte 4 und 5 so lange, bis Sie den Schild zuverlässig eine ganze Minute lang aufrechterhalten können.
7. Sobald Sie bereit dafür sind, dehnen Sie Ihren Schutzschild noch weiter aus, bis er den ganzen Raum ausfüllt. Während Ihr Schild sich ausdehnt, verbannt oder vertreibt er negative Wesenheiten oder unerwünschte Energie aus dem Raum, in dem Sie sich befinden.
8. Wiederholen Sie diesen Vorgang je nach Bedarf und denken Sie daran: Übung macht den Meister.

Vergebungs-Tarotritual

Wahrsagen kann Ihnen den richtigen Weg zur Vergebung zeigen. Dieser Zauber ist ein einfaches Tarotritual, das Sie an jede beliebige Situation anpassen können. Dabei geht es darum, was Sie überwinden müssen, um sich auf Ihre Vergebungsreise begeben zu können.

ZEITPUNKT:
An einem Sonntag oder Montag oder bei dunklem Mond oder Vollmond

DAUER:
30 Minuten

ORT:
Altar

ZUTATEN/WERKZEUGE:
Feuerzeug oder Streichhölzer
weiße Votiv- oder Teelichtkerze
Zauberstab oder Athame
Tarot-Kartendeck
Stift und Papier

1. Reinigen Sie Ihren Altar.
2. Zünden Sie die Kerze an und werden Sie sich über Ihre Absichten klar.
3. Sie werden sich nun auf eine Reise begeben; also nehmen Sie sich besonders viel Zeit, um einen Schutzkreis zu ziehen, der Ihren Geist während der Meditation schützt. Ziehen Sie diesen Kreis mit Ihrem Zauberstab oder Athame und visualisieren Sie dabei ein weißes Licht, das die Schutzbarriere verstärkt.
4. Stellen Sie sich drei Fragen: Was muss ich überwinden, um auf meine Vergebungsreise gehen zu können? Wie kann ich meine inneren Barrieren überwinden? Wie soll das Ergebnis dieser Situation aussehen?
5. Setzen Sie sich hin und mischen Sie Ihr Tarot-Kartendeck von Hand, bis Sie einen inneren Zwang verspüren, damit aufzuhören.
6. Legen Sie das Deck auf Ihren Altar und fächern Sie die Karten auf.
7. Schließen Sie die Augen und stimmen Sie sich auf Ihre Intuition ein.
8. Ziehen Sie drei Karten und drehen Sie sie nacheinander um.
9. Die erste Karte ist die Antwort auf Ihre erste Frage, die zweite Karte ist die Antwort auf die nächste Frage, und die dritte Karte beantwortet Ihre letzte Frage.

10. Notieren Sie sich die Botschaften, die Sie aus den drei Karten herauslesen.
11. Sobald Sie mit Ihren Überlegungen fertig sind, legen Sie die Tarotkarten weg, löschen die Kerze und lösen den Kreis.

Schutz und Segen für Ihr Auto

Wirken Sie diesen Zauber, bevor Sie sich ans Steuer setzen. Er bringt Ihnen Schutz und Sicherheit, Konzentration und innere Wachheit beim Autofahren. Sie können ihn so abwandeln, dass er jedes beliebige Transportmittel schützt – passen Sie dazu einfach die Affirmation in Schritt 7 an und legen Sie das Zaubersäckchen nicht in Ihr Auto, sondern in Ihre Jacken- oder Handtasche.

ZEITPUNKT:
Bei Neumond

DAUER:
25 Minuten

ORT:
Altar und Ihr Auto

ZUTATEN/WERKZEUGE:
Feuerzeug oder Streichhölzer
schwarze Votivkerze
25 × 25 cm großes schwarzes Stoffquadrat
2 TL getr. Beifuß
2 TL getr. Wacholderbeeren
2 TL getr. schwarzes Salz
2 TL getr. Cayennepfeffer
2 TL Zimt
Türkis oder Rauchquarz
Stift und kleines Stück Papier
Schutz-Sigille (Seite 195)
Schnur

1. Reinigen Sie Ihren Altar.
2. Zünden Sie die Kerze an und visualisieren Sie Ihre Absichten.
3. Breiten Sie das Tuch aus und streuen Sie Beifuß, Wacholderbeeren, schwarzes Salz, Cayennepfeffer und Zimt darauf. Sagen Sie dabei:
   »Kräuter des Schutzes, gebt mir euren Segen.«
4. Halten Sie den Türkis in der Hand und treten Sie mit seiner Energie in Verbindung. Dann legen Sie ihn ebenfalls auf das Tuch und sagen:
   »Stein der Sicherheit, verleihe mir deine Eigenschaften.«
5. Zeichnen Sie Ihre Schutz-Sigille auf ein kleines Blatt Papier. Legen Sie das Papier auf das Tuch und sagen Sie:
   »Schutz-Sigille, beschirme mich.«

6. Heben Sie die vier Ecken des Tuchs an und binden Sie sie mit der Schnur fest zusammen, um das Säckchen zu verschließen. Stellen Sie sich dabei vor, wie seine Schutzenergie aktiviert wird.
7. Legen Sie das Zaubersäckchen in Ihr Auto, unter Ihren Sitz oder ins Handschuhfach und visualisieren Sie, wie seine Energie das Auto in ein weißes Licht einhüllt. Sagen Sie:
   »Schutzzauber, segne und erfülle dieses Auto
   und all seine Teile mit deiner Energie.«
8. Laden Sie das Zaubersäckchen jeden Monat neu auf.

Schutz-Zauberflasche

Dieser Langzeit-Zauber, bei dem Schutzgewürze eingesetzt werden, behütet Sie vor böswilligen Wesenheiten oder kriminellen und unmoralischen Handlungen.

ZEITPUNKT:
An einem Dienstag oder bei Neumond

DAUER:
30 Minuten, plus 3 bis 4 Stunden Brennzeit

ORT:
Altar

ZUTATEN/WERKZEUGE:
1 EL schwarzer Pfeffer
1 EL Kreuzkümmel
1 EL Meersalz oder schwarzes Salz
1 EL Zimt
kleines oder mittelgroßes Glas mit Deckel
schwarzer Stift und Papier
Schutz-Sigille (Seite 195)
3 Eisenteile (z. B. Eisennägel oder Hämatitblöcke)
10 cm lange dünne Kerze oder Mini-Kerze in Braun oder Schwarz
Feuerzeug oder Streichhölzer

1. Reinigen Sie Ihren Altar.
2. Geben Sie nacheinander schwarzen Pfeffer, Kreuzkümmel, Salz und Zimt in das Glas und konzentrieren Sie sich dabei auf Ihre Absichten.
3. Zeichnen Sie Ihre Schutz-Sigille auf ein Blatt Papier. Falten Sie das Papier und legen Sie es zu den anderen Zutaten in das Glas.
4. Zum Schluss geben Sie die Eisenteile dazu und verschließen das Glas.
5. Zünden Sie die Kerze an und halten Sie sie so lange waagerecht, bis genügend Wachs auf den Deckel des Glases getropft ist, um die Kerze so daran zu befestigen, dass

sie aufrecht steht. Dann stecken Sie die noch brennende Kerze in das Wachs auf dem Deckel und drücken sie fest. Lassen Sie das Wachs rund um die Kerze antrocknen, sodass sie von allein stehen kann. Lassen Sie die Kerze ausbrennen, um Ihre Absichten in der Zauberflasche zu verschließen.

6. Stellen Sie Ihre Schutzzauberflasche in der Nähe der Vorderseite Ihres Hauses auf.

Schützender Wandbehang

Mit diesem Wandbehang können Sie Ihr Haus vor Negativität und bösen Mächten abschirmen. Für diesen Zauber verwendet man unter anderem Glocken, Knotenmagie und Eisen, das Metall der Erde. Hängen Sie den Wandbehang in Ihrem Zimmer oder Büro oder dem Mittelpunkt Ihres Zuhauses auf.

ZEITPUNKT:
An einem Samstag oder bei zunehmendem Mond oder Neumond

DAUER:
30 Minuten

ORT:
Altar

ZUTATEN/WERKZEUGE:
braune oder schwarze Schnur (oder Garn) auf einer Spule oder einem Strang
Schere
4 im Wald aufgesammelte Stöcke, je ungefähr 15 cm lang
6 Glockenanhänger
6 Eisenteile (z. B. Nägel, Muttern, Schrauben oder kleines Besteck)

1. Reinigen Sie Ihren Altar.
2. Reinigen Sie Ihre Zutaten.
3. Schneiden Sie mindestens 30 Schnüre oder Fäden von jeweils ungefähr 30 Zentimeter Länge von der Schnur ab und legen Sie sie beiseite.
4. Legen Sie die 4 Stöcke zu einer Rautenform mit sich überschneidenden Ecken aneinander.
5. Binden Sie die Ecken der Raute mit weiteren Schnüren zusammen.
6. Knüpfen Sie aus den beiseitegelegten Schnüren so viele Ankerknoten an die untere Hälfte der Raute, wie Sie unterbringen können.
7. Binden Sie die Glocken und Eisenteile an verschiedenen Stellen an die herabhängenden Schnüre und folgen Sie dabei Ihrer Intuition.
8. Hängen Sie den Wandbehang an einem Stück Schnur auf.

9. Ihr Wandbehang ist nun bereit, Negativität und böse Mächte abzuwehren. Seine Glocken und Eisenteile werden läuten, sobald unerwünschte Energie in Ihre Nähe kommt.

KAPITEL
9

WOHLBEFINDEN, ERFOLG UND REICHTUM

Durch Zauber zur Erlangung von Wohlbefinden, Erfolg und Reichtum können Sie mit der Zeit das Leben manifestieren, das Sie sich wünschen. Diese Zauber werden Ihnen aber nicht die ganze Arbeit abnehmen – es erfordert viel Energie, Übung, Geduld und Engagement, damit Erfolg zu haben. Wenn Sie mit diesen Zaubern beginnen, fangen Sie dabei ganz klein und einfach an – setzen Sie sich realistische persönliche Ziele. Bei den Zaubern in diesem Kapitel geht es um eine positive Lebenseinstellung, Glück und Selbstfürsorge.

Teezauber für mehr innere Klarheit

Dieser Zauber vermittelt Ihnen ein klareres Bild davon, was Sie erreichen möchten. Mit seiner Hilfe können Sie einen Sinn in stressigen Situationen erkennen, was Ihnen wiederum hilft, sich zu entspannen und innerlich zu öffnen.

ZEITPUNKT:
An einem Samstag oder Sonntag oder bei Neumond

DAUER:
15 Minuten

ORT:
Küche

ZUTATEN/WERKZEUGE:
kleiner Topf
240 ml Wasser
½ TL getr. Beifuß
½ TL getr. Baldrian
½ TL getr. Kamille
½ TL Zimt
½ TL getr. Lavendel
Mulltuch oder Sieb
Tasse zum Trinken

1. Reinigen Sie Ihre Arbeitsfläche in der Küche.
2. Bringen Sie in einem kleinen Topf das Wasser zum Kochen und werden Sie sich dabei über Ihre Absichten klar.
3. Nehmen Sie den Topf vom Herd.
4. Geben Sie Beifuß, Baldrian, Kamille, Zimt und Lavendel in den Topf und lassen Sie die Kräuter 10 Minuten ziehen, während Sie über Ihre Absichten meditieren.
5. Seihen Sie den Tee über dem Tuch oder dem Sieb in eine Tasse ab, lassen Sie Ihre Hand im Uhrzeigersinn über der Tasse kreisen und sagen Sie dabei:
   »Hilf mir, zu erkennen,
   was für mich bestimmt ist.«
6. Spüren Sie, wie die Energie in Ihren Tee hineinfließt. Trinken und genießen Sie ihn.

Spiegelzauber für mehr Wohlbefinden

Wir bekommen immer wieder zu hören, dass wir uns auf unser Wohlbefinden konzentrieren sollen; aber es ist nicht immer einfach, zu wissen, wo wir damit anfangen sollen. Dieser Spiegelzauber ist ein guter erster Schritt, um zu innerem Gleichgewicht zu finden; und das wird Ihnen wiederum helfen, sich glücklich, gesund und mit anderen Menschen verbunden zu fühlen und ein Ziel in Ihrem Leben zu erkennen. Bei diesem Zauber nutzen Sie die Kraft einer Kerze, eines Spiegels und der Meditation.

ZEITPUNKT:
Bei Neumond

ORT:
Altar

DAUER:
20 Minuten

ZUTATEN/WERKZEUGE:
Taschenspiegel
Feuerzeug oder Streichhölzer
weiße Votivkerze
Stift und Papier (optional)

1. Reinigen Sie Ihren Altar.
2. Reinigen Sie den Taschenspiegel.
3. Klappen Sie den Spiegel auf und stellen Sie ihn auf Ihren Altar.
4. Dann zünden Sie die Kerze an, stellen sie auf den Spiegel und sagen:
   »Brennende Kerze, zeige mir,
   welches Wohlbefinden ich mir erschaffen kann.«
5. Während der Spiegel das Licht der Kerze reflektiert, meditieren Sie 15 Minuten lang über Ihre Absichten und Ihr allgemeines Wohlbefinden. Suchen Sie nach innerem Gleichgewicht, Sinn, Zusammenhängen und Dingen, die Sie glücklich und gesund machen.
6. Lassen Sie Botschaften oder Visionen in sich aufsteigen, die Ihnen dabei helfen, sich auf Ihr Wohlbefinden zu konzentrieren. Wenn Sie möchten, können Sie sich diese Botschaften notieren.
7. Löschen Sie Ihre Kerze und wiederholen Sie diesen Vorgang bei Bedarf.

Räucherwerk für eine positivere Einstellung

Entwickeln Sie mithilfe dieser mit Magie aufgeladenen Räuchermischung eine positive Lebenseinstellung. Verbrennen Sie das Räucherwerk, wann immer Sie einen emotionalen, geistigen oder spirituellen Energieschub brauchen. Diese Räuchermischung kann man mit allen Zaubern kombinieren, die mit der Manifestation oder dem Anziehen von Erfolg, Reichtum oder Wohlbefinden zu tun haben.

ZEITPUNKT:
An einem Freitag oder bei zunehmendem Mond

DAUER:
10 Minuten

ORT:
Altar oder Küche

ZUTATEN/WERKZEUGE:
Glas mit Deckel, Fassungsvermögen 60–90 ml
1 EL getr. Minze
1 EL getr. Kamille
1 EL getr. Thymian
1 EL getr. Salbei
1 EL getr. Lavendel
Holzkohletablette
hitzefeste Schale

1. Reinigen Sie Ihren Altar oder Ihre Arbeitsfläche in der Küche.
2. Geben Sie die Kräuter nacheinander in das Glas. Konzentrieren Sie sich darauf, positive Gedanken und Gefühle in die Kräutermischung hineinfließen zu lassen, und sagen Sie:
   »Möge diese Mischung Positivität
   und Ausgeglichenheit in mein Leben hineinbringen.
   Möge diese Mischung Negativität abwehren
   und Zwietracht vertreiben.«
3. Verschließen Sie das Glas und schütteln Sie es kräftig.
4. Verbrennen Sie die Räuchermischung in einem offenen Feuer oder auf einer Holzkohletablette in einer hitzefesten Schale.

Glücksbringer

Basteln Sie diesen Talisman, um mehr Glück im Leben zu haben. Dazu verwenden Sie Fehu, die Rune, die für Glück, Vermögen, Neuanfänge und Reichtum steht. Sie wird aus einem geschnitzten Holzstück hergestellt, das Sie bei sich tragen können, um Ihre Lebensumstände zu verbessern.

ZEITPUNKT:
An einem Donnerstag oder bei zunehmendem Mond

DAUER:
15 Minuten

ORT:
Altar oder beliebiger Arbeitsbereich

ZUTATEN/WERKZEUGE:
Schmirgelpapier (Körnung: 180–220)
im Wald aufgesammeltes rundes Stück Holz mit einem Durchmesser von 5–7,5 cm
Messer oder Permanentmarker

1. Reinigen Sie Ihren Altar oder Arbeitsbereich.
2. Schleifen Sie alle rauen oder scharfen Kanten von Ihrem Holzstück ab.
3. Ritzen Sie mit einem Messer oder zeichnen Sie mit Permanentmarker das Runensymbol Fehu in das Holz ein und sagen Sie dabei:
   »Fehu, Rune des Glücks,
   unterstütze mich in meinen Bestrebungen
   und bringe mir Glück und Neuanfänge.«

4. Tragen Sie Ihren Glücksbringer bei sich oder bewahren Sie ihn an einem sicheren Ort auf und holen Sie ihn immer dann hervor, wenn Sie ihn besonders dringend brauchen.

Reichtumsbalsam

Mit diesem Balsam, der Kräuter und Vitamin-E-Öl enthält, können Sie Ihre Energie stärken, um mehr Reichtum anzuziehen. Er bringt Freude und Kraft für Geist, Körper und Seele. Zudem beruhigt er trockene Haut.

ZEITPUNKT:
An einem Donnerstag oder bei Vollmond oder Neumond

DAUER:
25 Minuten

ORT:
Küche

ZUTATEN/WERKZEUGE:
30 g weiße Bienenwachspastillen
80 ml natives Kokosöl
mittelgroße mikrowellengeeignete Schüssel
80 ml Mandelöl
½ EL Vitamin-E-Öl
3 Metalldosen oder Gläser, Fassungsvermögen je 90 ml

1. Reinigen Sie Ihre Arbeitsfläche in der Küche.
2. Geben Sie die Bienenwachspastillen und das Kokosöl in eine mikrowellengeeignete Schüssel und erwärmen Sie dies in 30-Sekunden-Intervallen.
3. Wiederholen Sie diesen Vorgang und rühren Sie dabei jedes Mal um, bis das Bienenwachs vollständig geschmolzen ist. Vorsicht: Die Mischung darf nicht kochen.
4. Dann rühren Sie das Mandelöl und Vitamin-E-Öl ein und konzentrieren sich dabei auf Ihre Absicht, Reichtum anzuziehen.
5. Sagen Sie während des Rührens:
   »Reichtum, komm zu mir.«
6. Sobald sich die Zutaten miteinander vermischt haben, gießen Sie die Mischung in Ihre Dosen oder Gläser und lassen sie fest werden.

Talisman für mehr Selbstwertgefühl

Je schlechter Sie sich fühlen, umso weniger motiviert sind Sie – und umgekehrt. Mit diesem Talisman können Sie Ihr Selbstwertgefühl zurückgewinnen und den Teufelskreis der Selbstzweifel überwinden. Tragen Sie ihn immer dann, wenn Sie ein bisschen Hilfe brauchen, um an sich selbst zu glauben.

ZEITPUNKT:
An einem Montag, Mittwoch oder Freitag oder bei zunehmendem Mond

DAUER:
15 Minuten

ORT:
Altar

ZUTATEN/WERKZEUGE:
Räucherwerk für eine positivere Einstellung (Seite 218)
Holzkohletablette
hitzefeste Schale
Feuerzeug oder Streichhölzer
Schmuckstück oder Kristall- oder Steinanhänger

1. Reinigen Sie Ihren Altar.
2. Legen Sie das Räucherwerk auf eine Holzkohletablette in einer hitzefesten Schale. Dann zünden Sie das Räucherwerk an, schließen die Augen und sagen:
   »Ich lasse mein geringes Selbstwertgefühl und meine Selbstzweifel in dem Rauch davonschweben.«
3. Anschließend meditieren Sie 5 Minuten lang über Ihre Absichten.
4. Öffnen Sie die Augen und ziehen Sie den Schmuck oder Anhänger durch den Rauch. Dadurch wird er geläutert, gereinigt und für den Gebrauch geweiht.
5. Ziehen Sie ihn insgesamt dreimal durch den Rauch und sagen Sie dabei:
   »Bei jedem Durchgang strahle, leuchte und reinige ich mich ein bisschen mehr.«
6. Nun können Sie Ihren Talisman tragen oder mit sich führen. Laden Sie ihn alle paar Monate neu auf.

Selbstliebe-Zauber

Ihr Körper ist genauso heilig wie alle anderen Werkzeuge, die Sie bei der Hexerei verwenden. Daher ist es wichtig, ihn und die vielen Dinge, die er für Sie tut, zu ehren und zu pflegen. Mit diesem Zauber feiern Sie sich selbst, Ihren Körper und alles, was Sie zu dem Menschen macht, der Sie sind.

ZEITPUNKT:
An einem Montag oder bei Neumond

DAUER:
15 Minuten

ORT:
Badezimmer

ZUTATEN/WERKZEUGE:
Spiegel
weiße oder rosa Stumpenkerze
großer Teller
2 EL Trägeröl (z. B. Oliven- oder Mandelöl)
1 EL getr. Lavendel
feuerfester Teller
Feuerzeug oder Streichhölzer

1. Reinigen Sie Ihr Badezimmer.
2. Stellen Sie sich vor einen Spiegel.
3. Reiben Sie die Kerze über einem großen Teller mit Trägeröl ein. Achten Sie darauf, dass dabei kein Öl auf den Docht tropft.
4. Bestreuen Sie die Kerze so lange mit dem getrockneten Lavendel, bis sie von oben bis unten damit bedeckt ist. Konzentrieren Sie sich dabei auf Ihre Absichten.
5. Stellen Sie die gesalbte Kerze vor sich auf einen feuerfesten Teller und zünden Sie sie an.
6. Schauen Sie in den Spiegel und sagen Sie:
   »Ich bin vollkommen, ich bin ganz.
   Ich liebe mich selbst – Geist, Körper und Seele.«
7. Wiederholen Sie diesen Zauber je nach Bedarf.

Ambitionen aus dem Feuer lesen

Aktivieren und nutzen Sie Ihre Ambitionen mithilfe von Feuer. Feuerlesen ist eine Form der Wahrsagerei, bei der man Botschaften und Visionen aus einer Flamme herausliest. Die tanzende Kerzenflamme kann Ihnen Ordnung und Chaos, Aktion und Wiedergeburt zeigen. Durch Feuerlesen können Sie ein klareres Bild von Ihren Ambitionen und Träumen bekommen.

ZEITPUNKT:
An einem Dienstag oder Sonntag oder bei Neumond oder zunehmendem Mond

DAUER:
15 Minuten

ORT:
Altar

ZUTATEN/WERKZEUGE:
5 violette oder weiße Teelichter
Feuerzeug oder Streichhölzer
violette oder weiße Votiv- oder Stumpenkerze
Stift und Papier

1. Reinigen Sie Ihren Altar.
2. Stellen Sie die Teelichter an den Punkten eines unsichtbaren Pentagramms auf Ihren Altar und zünden Sie sie an.
3. Stellen Sie die Votivkerze in die Mitte des unsichtbaren Pentagramms. (Diese Kerze werden Sie erst in Schritt 5 anzünden.)
4. Schließen Sie die Augen und meditieren Sie 5 Minuten lang über Ihre Absicht.
5. Danach zünden Sie die in der Mitte stehende Kerze an.
6. Konzentrieren Sie sich auf die Flamme und denken Sie über Ihre Ambitionen und Träume nach.
7. Lassen Sie sich von der Kerze Botschaften und Visionen offenbaren. Wenn Sie wollen, können Sie sich Notizen dazu machen.

Erfolgs-Sigille

Diese Sigille kann Erfolg in Ihr Leben hineinziehen. Mit einer Sigille können Sie Ihre Absichten symbolisch darstellen. Sigillen sind eine Möglichkeit, kreative Kraft aus Ihrem Inneren zu schöpfen und etwas Magisches zu erschaffen, das Ihre ganz persönlichen Züge trägt.

ZEITPUNKT:
An einem Sonntag oder bei zunehmendem Mond

DAUER:
15 Minuten

ORT:
Altar und im Freien

ZUTATEN/WERKZEUGE:
Stift mit orangefarbener Tinte
2 Blatt Papier

1. Reinigen Sie Ihren Altar.
2. Formulieren Sie eine Affirmation Ihrer Wahl, zum Beispiel: *»Ich bin selbstbewusst, stark und erfolgreich.«*
3. Kürzen Sie die Affirmation ein, indem Sie alle sich wiederholenden Buchstaben und alle Vokale entfernen. Von der obigen Affirmation bleibt dann nur noch »chbnsltwrkdfg« übrig.
4. Zerlegen Sie die verbliebenen Buchstaben in ihre Grundstriche (beispielsweise Kurven, Punkte, Querstriche und Linien). Zeichnen Sie diese Striche unter die verkürzte Affirmation auf dasselbe Blatt Papier.
5. Verbinden Sie die Striche auf diesem Blatt so miteinander, dass sie den Umriss einer Figur bilden. Das kann zum Beispiel ein Quadrat, Herz, Kreuz oder Dreieck sein. Legen Sie alle übrig gebliebenen Kreise, Bögen und Striche an den Umrisslinien Ihrer Figur entlang oder außen herum. Diese Figur ist Ihre Erfolgs-Sigille.
6. Übertragen Sie Ihre Erfolgs-Sigille, die nun mit Ihren verschlüsselten Absichten aufgeladen ist, mit dem orangefarbenen Stift auf das zweite Blatt Papier. Tragen Sie dieses Papier immer bei sich.

Glücksmünze

Mit diesem Zauber können Sie mehr Glück in Ihr Leben hineinholen, indem Sie der Welt einfach einen Cent opfern. Einen Cent zu »verlieren«, damit irgendein Fremder ihn findet, bringt nicht nur Glück, sondern Sie können dadurch auch Ihr Karma verbessern.

ZEITPUNKT:
Jederzeit

ORT:
Im Freien

DAUER:
10 Minuten

ZUTATEN/WERKZEUGE:
Bergkristall (optional)
1 Cent

1. Konzentrieren Sie sich auf Ihre Atmung und zentrieren Sie sich. Falls Sie einen Energieschub brauchen, können Sie diese Energie aus einem Bergkristall beziehen.
2. Nehmen Sie den Cent in die Hand und lassen Sie Ihre Absichten in ihn hineinfließen.
3. Schließen Sie die Augen und sagen Sie:
   »Ich schicke diesen Cent in die Welt hinein.
   Kleiner Cent, bringe mir
   Glück und Reichtum hoch drei.
   Mit dieser Gabe teile ich
   mein gutes Karma mit dem ahnungslosen Finder.«
4. Wenn Sie unbeobachtet sind, legen Sie Ihren Cent mit dem Kopf nach oben irgendwohin und lassen Sie sich vom Glück finden.

Minztee für mehr Reichtum

Mit diesem einfach zuzubereitenden, aber wirksamen Tee können Sie Reichtum in Ihr Leben einladen. Minze ist bekannt für ihre Verbundenheit zu Reichtum, Wohlstand, Heilung, Glück und Kraft. Diesen Tee kann man trinken oder für den Wohlstands-Wurzelzauber (Seite 227) verwenden.

ZEITPUNKT:
Bei zunehmendem Mond

DAUER:
15 Minuten

ORT:
Küche

ZUTATEN/WERKZEUGE:
1 l Wasser
mittelgroßer Topf
30 g frische Minze oder 15 g getr. Minze
Mulltuch oder Sieb
Tasse zum Trinken oder Flasche

1. Reinigen Sie Ihre Arbeitsfläche in der Küche.
2. Bringen Sie das Wasser in einem mittelgroßen Topf zum Kochen, um es von Verunreinigungen zu befreien.
3. Nehmen Sie den Topf vom Herd.
4. Streuen Sie die Minze ins Wasser und sagen Sie dabei:
   »Mit diesem Kraut nehme ich
   Reichtum und guten Willen in mich auf.«
5. Meditieren Sie 10 Minuten lang über Ihre Absichten, während der Tee zieht und abkühlt.
6. Gießen Sie den Tee durch das Tuch oder Sieb in eine Tasse und trinken Sie ihn oder gießen Sie ihn in eine Flasche und verschütten Sie ihn auf Ihrem Grundstück. Sie können ihn auch für den Wohlstands-Wurzelzauber (Seite 227) verwenden.

Wohlstands-Wurzelzauber

Bei diesem Zauber werden Sie mit der Energie früchtetragender Bäume in Verbindung treten, um deren Reichtum zu feiern und an deren Energie teilzuhaben. Um den Zauber zu verstärken, bereiten Sie eine Portion Minztee für mehr Reichtum (Seite 226) zu.

ZEITPUNKT:
Bei zunehmendem Mond

ORT:
Im Freien

DAUER:
30 Minuten, plus Spaziergang oder Wanderung zu einem früchtetragenden Baum

ZUTATEN/WERKZEUGE:
früchtetragender Baum
Minztee für mehr Reichtum (Seite 226) oder 15 g getr. Minze

1. Suchen Sie einen früchtetragenden Baum in Ihrem Garten oder an einem sicheren und geschützten Ort in der Nähe.
2. Reinigen Sie die Umgebung des Baums, indem Sie mit Ihrer Energie in Kontakt treten und diese nach außen schieben.
3. Legen Sie Ihre Hand auf den Baum und sagen Sie:
   »Früchtetragender Baum, ich bringe dir
   ein verzaubertes Geschenk, um dich zu erfreuen und zu erheben.«
4. Gehen Sie um den Baum herum und streuen Sie Minze oder gießen Sie Minztee für mehr Reichtum auf seine Wurzeln. Sagen Sie dabei:
   »Teile deinen Reichtum in dreifacher Menge mit mir.«
5. Schließen Sie die Augen und visualisieren Sie Ihre Verbindung zu dem Baum.

Salböl für mehr Wohlbefinden

Bei diesem Zauberspruch fertigen Sie ein magisches Salböl an, laden es auf und segnen es. Sie können dieses Öl in Zaubern für mehr Wohlbefinden verwenden, Gegenstände damit einsalben oder es auf Ihre Pulspunkte auftragen, um Ihre Absichten zu verstärken und Positives in Ihr Leben hineinzuziehen. Bevor Sie das Öl auf Ihre Haut auftragen, denken Sie daran, es zuerst an einer kleinen Stelle zu testen.

ZEITPUNKT:
Bei Neu- oder Vollmond

DAUER:
20 Minuten

ORT:
Altar oder Küche

ZUTATEN/WERKZEUGE:
1 EL Trägeröl (z. B. Jojoba- oder Mandelöl)
kleine bernsteinfarbene Roller- oder Tropfflasche
2 Tropfen ätherisches Patschuliöl
2 Tropfen ätherisches Lavendelöl
2 Tropfen ätherisches Ylang-Ylang-Öl
1 TL getr. Kamille

1. Reinigen Sie Ihren Altar.
2. Geben Sie das Trägeröl in die Flasche.
3. Als Nächstes fügen Sie die ätherischen Öle hinzu und konzentrieren sich dabei auf Ihre Absichten.
4. Füllen Sie die Flasche bis obenhin mit der Kamille.
5. Halten Sie die Flasche in den Händen und stellen Sie sich vor, wie sie von Energie eingehüllt wird. Laden Sie sie mit Ihren Absichten auf und sagen Sie:
   »Ich mische und segne dieses Öl
   für mehr Wohlbefinden und Dankbarkeit.«
6. Tragen Sie das Öl auf Ihre Haut auf, wann immer Sie in der Gegenwart leben und positive Dinge anziehen möchten.

Erfolgs-Knotenzauber

Weben Sie mithilfe von Knotenmagie und der Erfolgsrune Sowilō mehr Erfolg in Ihr Leben hinein. Die Verwendung von Sowilō in Zaubern kann Ihnen helfen, innere Führung zu finden, sich die richtigen Ziele zu setzen und mehr Ganzheit zu finden. Mit diesem Knotenzauber verweben Sie Ihre Absichten miteinander, um positive Veränderungen in Ihrem Leben zu bewirken.

ZEITPUNKT:
An einem Sonntag oder bei Vollmond

DAUER:
30 Minuten

ORT:
Altar

ZUTATEN/WERKZEUGE:
Messer
orangefarbene, goldene oder silberne Stumpenkerze
Feuerzeug oder Streichhölzer
3 orangefarbene Schnüre oder Garnfäden, jeweils 45 cm lang

1. Reinigen Sie Ihren Altar.
2. Ritzen Sie mit einem Messer die Rune Sowilō in Ihre Kerze.
3. Zünden Sie die Kerze an, werden Sie sich über Ihre Absichten klar und erzeugen Sie Energie.
4. Binden Sie die drei Schnüre an einem Ende mit einem einfachen Überhandknoten aneinander. Denken Sie dabei daran, in allen Lebensbereichen Erfolg anzuziehen.
5. Beginnen Sie, die drei Schnüre zu einem Zopf zusammenzuflechten, und sagen Sie dabei:
   »Schnur der Ziele, verwebe,
   Schnur der Ganzheit, verbinde,
   Schnur der Vollendung, umwinde.
   Schnur des Erfolgs, verflechte.«

6. Verknoten Sie das Ende des Zopfes. Dann meditieren Sie 10 Minuten lang, konzentrieren sich auf den geschaffenen Zauber und erspüren seine Kraft.
7. Nach der Meditation löschen Sie die Kerze.
8. Hängen Sie den Zopf überall dort auf, wo Sie mehr Erfolg in Ihrem Leben anziehen möchten.

Erfolg bringender Opferzauber

Dieser Opferzauber nutzt die Energie der Mittagssonne und des Erdbodens. Die Opfergabe enthält Zutaten, die Erfolg anziehen, wie beispielsweise eine Zimtstange, frischen Ingwer, Zitronenmelisse, Bergamotte und Ihre Erfolgs-Sigille (Seite 224).

ZEITPUNKT:
An einem Neumondtag oder bei zunehmendem Mond um die Mittagszeit

DAUER:
25 Minuten

ORT:
Altar und draußen im Freien

ZUTATEN/WERKZEUGE:
Feuerzeug oder Streichhölzer
orangefarbene Votivkerze
Erfolgs-Sigille (Seite 224)
Stift mit orangefarbener Tinte
Blatt Papier
1 Zimtstange
10 cm langes Stück frische Ingwerwurzel
1 Zweig frische Zitronenmelisse
orangefarbene Schnur oder orangefarbenes Garn
3 Tropfen ätherisches Bergamottöl

1. Reinigen Sie Ihren Altar.
2. Zünden Sie eine orangefarbene Kerze an, um Erfolg anzuziehen.
3. Zeichnen Sie Ihre Erfolgs-Sigille mit einem orangefarbenen Stift auf ein Blatt Papier. Dieses Papier wird später als Behälter für Ihre Opfergabe dienen.
4. Legen Sie die Zimtstange, die Ingwerwurzel und den Zweig Zitronenmelisse auf das Papier.
5. Konzentrieren Sie sich auf Ihre Absichten und falten Sie das Papier, auf dem die Opfergabe liegt, zusammen. Binden Sie mit orangefarbener Schnur einen Knoten außen herum, sodass ein Bündel entsteht.
6. Tränken Sie den Knoten mit dem Bergamottöl.
7. Meditieren Sie 5 Minuten lang über Ihre Absichten.
8. Löschen Sie die Kerze.

9. Gehen Sie nach draußen und suchen Sie einen nach Norden ausgerichteten Platz, um das in Schritt 5 hergestellte Bündel zu vergraben.
10. Dann graben Sie mit den Händen ein flaches Loch in die Erde, legen das Bündel hinein und sagen:
    »Unter dem mächtigen Schein der Sonne
    bringe ich der Erde dieses Opfer
    als Gegenleistung für den Erfolg, den du mir schenkst.«
11. Dann schütten Sie das Loch wieder zu, legen Ihre Hand auf die Erde und meditieren 5 Minuten lang.
12. Spüren Sie die Energie der Sonne und der Erde, die sich miteinander verbinden, um Ihnen Erfolg zu bringen.
13. Danken Sie der Sonne und der Erde für ihre Energie, bevor Sie gehen.

Einen Glücksbaum pflanzen

Das Glück ist oft zum Greifen nah, aber eben leider doch noch nicht ganz in unserer Reichweite. Dank diesem Zauber werden Sie Glück ausstrahlen und sich mit dem jetzigen Augenblick im Einklang fühlen. Zu diesem Zweck pflanzen Sie einen Baum oder Strauch und finden mit seiner Hilfe Ihr Glück in der Natur.

ZEITPUNKT:
An einem Mittwoch oder Sonntag

DAUER:
45 Minuten

ORT:
Im Freien

ZUTATEN/WERKZEUGE:
Schutznebel (Seite 201, optional)
Schaufel
Baum oder andere Pflanze
5 Bergkristalle
Gartenhandschuhe (optional)
Wasser (genug, um Ihre Pflanze zu gießen – der Wasserbedarf variiert von Pflanze zu Pflanze, also recherchieren Sie dies bitte)
1 Prise Salz

1. Wählen Sie für Ihre Glückspflanze einen Platz im Freien, zum Beispiel irgendwo in Ihrem Garten. Lassen Sie sich dabei von Ihrer Intuition leiten.
2. Reinigen Sie den gewählten Platz. Wenn Sie möchten, besprühen Sie ihn mit Schutznebel.
3. Ritzen Sie mit der Spitze der Schaufel um sich und Ihre Pflanze herum ein Pentagramm in die Erde.
4. Legen Sie die Bergkristalle an die Spitzen des Pentagramms.
5. Graben Sie ein Loch in die Erde. Wenn Sie möchten, können Sie vorher Gartenhandschuhe anziehen.
6. Dann setzen Sie Ihre Pflanze in das Loch, füllen es wieder auf und drücken die Erde rund um die Pflanze fest, um der Pflanze Standfestigkeit zu verleihen.

7. Verbringen Sie 10 Minuten in stiller Meditation neben der Pflanze und lassen Sie Ihr Bewusstsein mit der Energie der Pflanze in Verbindung treten. Sagen Sie:
»Glückspflanze,
erfülle mein Leben,
erhelle mein Herz
und baue mich innerlich auf.«
8. Gießen Sie Ihre Pflanze und verstreuen Sie das Salz als Opfergabe außen herum.
9. Kümmern Sie sich einmal pro Woche um Ihre Pflanze und wiederholen Sie dabei Ihre Meditation und diesen Zauberspruch.

Erfolgs-Runenkekse

Mit diesen Erfolgs-Runenkeksen können Sie beim Backen gleichzeitig ein bisschen zaubern. Die Zauberkekse verstärken Ihre Energie, sodass Sie Ihre Ziele leichter erreichen. Alle Kekse werden mit der Erfolgsrune Sowilō verziert, um Ihnen Erfolg und innere Ganzheit zu bringen und Sie zu noch besseren Leistungen anzuspornen.

ZEITPUNKT:
An einem Sonntag oder bei Neumond

DAUER:
30 Minuten

ORT:
Küche

ZUTATEN/WERKZEUGE:
330 g Allzweckmehl
1 TL Natron
½ TL Backpulver
kleine Schüssel
230 g Butter (bei Zimmertemperatur)
330 g Zucker
große Schüssel
1 Ei
1 TL Vanilleextrakt
Backpapier
Backblech

1. Reinigen Sie Ihre Küche.
2. Heizen Sie den Backofen auf 190 °C Ober-/Unterhitze vor.
3. Vermischen Sie Mehl, Natron und Backpulver in einer kleinen Schüssel miteinander und stellen Sie sie beiseite.
4. Schlagen Sie Butter und Zucker in einer großen Schüssel glatt und rühren Sie das Ei und den Vanilleextrakt ein.
5. Heben Sie die trockenen Zutaten unter die feuchten und vermischen Sie alles zu einem glatten Teig.
6. Rollen Sie den Teig zu Kugeln mit 7,5 Zentimeter Durchmesser aus und drücken Sie die Kugeln auf einem mit Backpapier ausgelegten Backblech flach.
7. Zeichnen Sie mit einem Messer die Rune Sowilō auf jeden Keks und konzentrieren Sie sich dabei auf Ihre Absichten.

8. Backen Sie die Kekse ungefähr 8 bis 10 Minuten lang goldbraun.
9. Lassen Sie die Kekse 2 Minuten lang aushärten und legen Sie sie dann zum Abkühlen auf ein Kuchengitter.
10. Essen Sie die Kekse, um mit der Energie der Rune Sowilō in Verbindung zu treten und sie in sich aufzunehmen.

Decke, die Sicherheit und Geborgenheit schenkt

Bei diesem Zauber laden Sie eine ganz normale Decke mit den Energien von Sicherheit und Geborgenheit auf und verzieren sie mit einer Sigille, die eine verschlüsselte Botschaft enthält. Sie können diese Decke für sich behalten oder einem Kind schenken. Bevor Sie die Decke für den Zauber verwenden, sollten Sie sie reinigen, um sie von alten oder stagnierenden Energien zu befreien.

ZEITPUNKT:
An einem Samstag oder Sonntag oder bei Vollmond

DAUER:
30 Minuten

ORT:
Altar

ZUTATEN/WERKZEUGE:
Decke
Feuerzeug oder Streichhölzer
violette Kerze
Sicherheits-Sigille
Permanentmarker

1. Reinigen Sie Ihren Altar.
2. Reinigen Sie die Decke.
3. Zünden Sie die Kerze an und konzentrieren Sie sich auf Ihre Absicht, Sicherheit, Geborgenheit und Stabilität zu manifestieren.
4. Halten Sie die Decke in den Armen und sagen Sie:
   »Ich segne diese Decke.
   Wie die Erde, beständig und stark, soll sie lange halten und Schutz bieten.
   Wie das Feuer, wärmend und hell, soll sie jede Nacht Behaglichkeit bieten.
   Wie das Wasser, heilend und rein, soll sie Sicherheit und Geborgenheit schenken.
   Wie die Luft, schnell inspirierend, soll sie Auftrieb geben und Wünsche erfüllen.«
5. Meditieren Sie 5 Minuten lang über Ihre Absichten, um die Decke damit aufzuladen.
6. Entwerfen Sie anhand der Anleitungen auf Seite 195 (Schutz-Sigille) eine Sicherheits-Sigille, wobei Sie das Wort »Schutz« durch »Sicherheit« ersetzen. Zeichnen Sie Ihre Sicherheits-Sigille mit Permanentmarker auf das Etikett der Decke.

Hexenleiter für Reichtum und Erfolg

Holen Sie mit einer lebensgroßen Hexenleiter Reichtum und Erfolg in Ihr Leben hinein. Die Hexenleiter stammt aus der Volksmagie und beinhaltet Knotenmagie. Dieser Zauber eignet sich am besten als Ergänzung zu Meditationen und Ritualen, bei denen es um Reichtum und Erfolg geht.

ZEITPUNKT:
An einem Samstag oder Sonntag oder bei Vollmond

DAUER:
45 Minuten

ORT:
Altar

ZUTATEN/WERKZEUGE:
3 Kerzen in Orange, Weiß und Blau
Feuerzeug oder Streichhölzer
3 Stränge Garn in den Farben Orange, Weiß und Blau
Schere
9 Dekorationselemente Ihrer Wahl (z. B. Perlen, Federn oder Mini-Glockenanhänger)

1. Reinigen Sie Ihren Altar.
2. Stellen Sie die Kerzen so auf den Altar, dass sie zusammen ein Dreieck bilden, und zünden Sie sie an.
3. Schneiden Sie von jedem Strang Garn einen Faden ab, der genauso lang ist wie Ihr Körper.
4. Binden Sie die drei Fäden an einem Ende mit einem einfachen Überhandknoten zusammen.
5. Wählen Sie 9 gleichmäßig über die Fäden verteilte Abschnitte, an denen Sie beim Zusammenflechten Ihre Deko-Elemente befestigen werden.
6. Flechten Sie die Fäden zu einem Zopf zusammen und binden Sie am Anfang jedes neuen Abschnitts mithilfe eines Knotens eine der neun Verzierungen ein.
7. Bei jedem Knoten können Sie die traditionelle Hexenleiter-Beschwörungsformel rezitieren:
   »Knoten eins – der Zauber hat begonnen,
   Knoten zwei – der Zauber wird wahr.
   Knoten drei – so soll es sein.
   Knoten vier – die Kraft wird gespeichert.

Knoten fünf – mein Wille geschehe.
Knoten sechs – ich fixiere den Zauber.
Knoten sieben – ich erschaffe die Zukunft.
Knoten acht – mein Wille wird Schicksal.
Knoten neun – das Werk ist mein.«

8. Sobald der Zopf fertig ist, verknoten Sie ihn am Ende. Hängen Sie Ihre Hexenleiter an einem sicheren Ort auf, zum Beispiel an einem Schrank in Ihrer Wohnung.

Literatur

Witchology Magazine

Eine Zeitschrift über moderne Hexerei und Magie, die ich allmonatlich herausgebe. Mit vielen wertvollen Informationen von einem Team erfahrener Autoren, die ihre eigenen Hexenwege beschreiben.

Enzyklopädie der magischen Kräuter von Scott Cunningham

Ein Muss für alle Neulinge auf dem Gebiet der Magie. Die Enzyklopädie informiert über Eigenschaften, Geschichte und Verwendungsmöglichkeiten von über 400 Kräutern. Nutzen Sie dieses Nachschlagewerk, wann immer Sie Kräuter in Ihre Zauber integrieren möchten.

Das große Buch von Weihrauch, Aromaölen und magischen Rezepturen von Scott Cunningham

Einer meiner persönlichen Favoriten. Nachdem Sie sich das Grundwissen über die Verwendung von Kräutern, Gewürzen und Pflanzen in der Magie angeeignet haben, bringt dieses Buch Sie in Ihrem Hexenhandwerk noch einen Schritt weiter: Hier erfahren Sie, wie man individuelle Räuchermischungen, magische Öle und Tränke zusammenstellt.

Magie mit Kristallen, Edelsteinen und Metallen: Das große Lexikon und Praxisbuch von Scott Cunningham

Die Arbeit mit den natürlichen Elementen der Erde spielt beim Hexenhandwerk eine wichtige Rolle. Dieses Buch mit Informationen über mehr als 100 Edelsteine und Metalle zeigt Ihnen, welcher Kristall oder Edelstein oder welches Metall für Ihren Zauber am wirksamsten ist.

Llewellyn's Witches' Datebook

Dieses alljährlich erscheinende Buch bietet einen Überblick über das Rad des Jahres und die Bewegungen der Gestirne und hilft Ihnen auf diese Weise bei der Vorausplanung Ihrer magischen Aktivitäten.

Coloring Book of Shadows von Amy Cesari

Der Einstieg ins Hexendasein kann einem schon manchmal wie ein überwältigendes Unterfangen erscheinen – aber nicht mit diesem Buch der Schatten. Sie können es ausmalen und dabei gleichzeitig etwas über Kristalle, Kräuter und andere Elemente der Natur lernen. Passen Sie es an Ihren eigenen Hexenweg an und führen Sie darin Buch über Ihre ersten Zauber.

Register

F

G

H

I

J

K

L

M

T

U

V

W

Z

Über die Autorin

Ambrosia Hawthorn ist eine eklektische Hexe, die ihr Handwerk oft auf Reisen ausübt – in Kalifornien geboren, aber mit indigenen Wurzeln im Yupik-Schamanismus und in der puerto-ricanischen Volksmagie.

Sie betreibt den Hexerei-Blog Wild Goddess Magick und ist Herausgeberin des *Witchology Magazine*. In ihrer Freizeit schaut sie als Astrologin in die Sterne und tritt als Kartenlegerin mit dem Universum in Kontakt. Sie hat ihren Weg zur Hexerei bereits im Alter von 13 Jahren gefunden; seitdem beschäftigt sie sich intensiv mit diesem Handwerk und den magischen Traditionen ihrer Vorfahren. Ambrosias Ziel ist es, allen Arten von Hexen hilfreiche Werkzeuge und Ressourcen zu liefern. Anhand des Jahresrads erstellt sie immer wieder neue Informationen über alle Arten von Magie und teilt sie mit anderen Menschen.

Danksagung

Mein Dank geht an mein ausgezeichnetes Unterstützungsteam, das mir bei der Arbeit an diesem Buch geholfen hat: Mein wunderbar Partner Leon hat mich während dieses Prozesses immer wieder ermutigt. Mein liebenswertes Begleittier Nala saß jeden Tag neben mir, wenn ich an meinem Buch arbeitete. Meine großartige Schwester Sylvia spornt mich stets dazu an, mein Bestes zu geben. Das *Witchology*-Team hat in meiner Abwesenheit weiterhin hervorragende Arbeit für das Magazin geleistet, während ich mit meiner Arbeit an dem Buch beschäftigt war. Und meine fantastische Lektorin Claire Yee erweckt meine Worte mit ihrer Magie zum Leben.